新装版

3分で心が晴れる本

深見東州

※本書は、『週刊ポスト』『女性セブン』『微笑』『週刊テーミス』など各誌に連載された、深見東州の人生相談コーナーを一冊に編集した『3分で心が晴れる本』（平成二十年六月発刊）を、装いを新たに新装版として発行するものです。

はじめに

人は誰でも悩みを持っているものです。人に言えない悩みも多い。しかし、その悩み苦しみ、葛藤の経験を、「自分という人間が大きくなるチャンスだ」と思って立ち向かう人がどれくらいいるでしょうか？

実際、世に偉業を残した人で、人生に悩みや苦しみが何一つ無かった人は、一人としていなかったと断言できる。

彼らは、言うに言えないような葛藤と、辛酸をなめてきてるのです。むしろ、その乗り越えた苦しみが大きかったからこそ、歴史に残る偉業を成すことが出来たのだと言えます。

本書は私が、『週刊ポスト』や『女性セブン』、『微笑』などに連載した人生相談コーナーにおいて、多くの人の様々な疑問、悩み、苦しみを聞き、それに答えたものです。きっとあなたの疑問や悩みの解答が、この中にあると思います。

ところで、私がつねづね思っているのは、「自分が変われば、人生に越えられない壁はない」ということです。

現に、人生相談コーナーの私の解答を読み、その通りに実行して、自分を変えることでみごとに悩みを乗り越えられたというお手紙を、相談者の方々からたくさん頂戴しました。

この本があなたの人生のよき友となり、幸せの糧となりますことを、心からお祈りする次第です。

深見東州

新装版　3分で心が晴れる本

目　次

第2章 「運勢」について

第３章 「仕事」・「家族」・「人間関係」について

第４章　「霊」について

第1章

「恋愛」について

Q1 何度恋愛しても、いつも涙の結末。私の「赤い糸」は、どうすれば見つけられるのでしょう？

私は人一倍結婚願望が強く、中学生の頃から早く大人になって結婚したいと思っていました。今までに一六人の男性とお付き合いしたのですが、ことごとく別れてしまいました。最初は「うまくいきそう」と思っても、ささいなことでケンカをし、私が愛想をつかしたり、逆に相手に去られたり……。

今年で私も二七歳。周囲からは「男遊びに狂っている」と陰口を言われ、かなり焦っています。よく、「結婚する相手とは、生まれた時から赤い糸で結ばれている」と聞きますが、私の「赤い糸」はどこにあるのでしょうか。

（静岡県　H・Oさん／27歳）

深見

「赤い糸」についてのご質問、ご相談はよくいただきます。結婚する相手とは、生まれた時から小指と小指が「赤い糸」で結ばれているという〝赤い糸伝説〟は何度も耳になさったことがあると思います。この伝説は、半分は事実ですが、誤っている部分もあります。

確かに「赤い糸」はありますが、「赤い糸は1本だけ」と思うことは間違いです。通常、人はそれぞれ1本ではなく5本から6本、少ない人でも3本の赤い糸が結ばれています。そして、その糸にもランクがあるのです。

では、なぜ人によって結ばれている糸に違いがあるのでしょうか。それは、今に至るまでにその人がどれだけ努力して自分を磨いたのかということや、人間としての内面の高め方によって異なってくるのです。日頃から自分を向上させる努力をしている人は、「赤い糸」の本数が自然に増えてくるのです。また、その「赤い糸」の中にも、ＡＢＣＤ……といったランクがあり、Ａランクの人と結ばれるためには、自分もＡランクの人間になる努力をしなければ結ばれないのです。この場合のランクというのは、人間としての成長度、成熟度と考えていただければ理解しやすいでしょう。

例えば、Ｃランクの3本の糸を持っている女性が、いくらＡランク、Ｂランクの男性を好きになってお付き合いしても、時間が経つといつの間にか溝ができてうまくいかなくなります。Cランクの糸は、やはりCランクの相手とつながっているのです。ここで誤解しないでいただきたいのですが、Cランクの人間だから幸せになれないということではなく、簡単に言ってしまえば人はそれぞれ自分の器に合った人間と出会うということなのです。

例えば、私が相談を受けたケースの中で、最初は仲の良かったカップルが、そのうちうまくいかなくなってしまった。なぜなのか原因を教えてほしいということがありました。男性と女性の両方を神霊的に鑑定したところ、それまでは二人とも同じランクで気が合っていたはずなのに、男性の方が大変な努力をして自分を磨き続けたため、人間として大きく成長し、その結果、彼女と心が通わなくなってしまったのです。努力している人からすると、どうしても同じランクの人では物足りなくなってしまうのです。そして、その男性には、同じ度合の女性の糸が現れて、そちらの方が強いものになっていってしまうのです。

私はこの相談者には、どうしても彼のことが好きで別れたくないというので、彼と同じレベルに近づけるよう内面を磨く努力する方法を授けました。よく「彼が急に心変わりして、他の女性に走ってしまった」という話を聞きますが、男性が浮気したということではなく、糸の結びつきが変わってきたことに原因があるのです。

さて、今回の相談者を鑑定すると、「理想が高く、他人に対する要求が高い反面、本人の努力に欠けるところがある」ことがわかりました。また「精神的にも人格的にも未成熟な面が見受けられ、周囲の影響を受けやすい人」ということもわかりました。あなたの場合は、結婚を目標にする前に、まずあなた自身を高める努力をしてください。人は結婚するだけが目的ではありません。そして、「結婚さえしてしまえば」という気持ちが見えてしまう女性を、男性が好きになれないことは言うまでもありません。仕事も人間形成の大事な要素ですから、プロと認められるよう努力をしてください。

また他人に対しては、相手の立場に立った思いやりのある態度で接することを心がけていると、気づかぬうちに人間的に成長し、自然によい結果が現れてきます。幸いにも、霊視によるとあなたの「赤い糸」は何本か見えていますから、その心がまえで努力すれば、２年以内にあなたにふさわしい人がきっと現れるはずです。

Q2 真剣な恋愛をしても、結婚にいたらないのは？

何回かの恋愛経験があります。いつも結婚を前提に付き合っていたのですが、いざ結婚という段階になると、お互いに不一致点が出てきて、どうもすんなり行きません。やはり前世などの影響を受けているからなのでしょうか？

（札幌市　U・Jさん／32歳・男性）

深見

男女が出会い、結ばれる縁——これはたしかに前世の影響をかなり受けています。ただし、結婚運がいいか悪いかということは、また別の問題です。

よく「良縁に恵まれる」という言葉が使われますが、ここでの「縁」は、多分に家と家の縁をさしています。恋愛イコール結婚ではないように、結婚の縁というものは、個人的な関係もさることながら、家同士の家庭運の相性が少なくないウエイトを占めているのです。ある男女がめぐりあって恋愛し、その後結婚に発展した場合の神霊的な影響を見ると、たいていは家が6、前世の影響が4ぐらいの割合になっています。

「結婚は二人だけの問題」と言う人もいますが、実際には、結婚すれば、やはり家という考え方が支配的になるでしょう。いい例が、たいていは妻が夫方の戸籍に入って苗字を変えます。実はこの、籍を入れた時が大きな節目になります。その家の結婚運が動くのです。これは特に、長い間の日本社会の風習が日本神霊界の特徴を形成し、日本の社会における結婚運というものに大きな影響を与えているものなのです。

こういうところから結婚運というものを見てみると、家庭だけでなく親戚縁者みんなが仲良くしている家は、やはり新しいお嫁さんも明るい人を引っ張ってきます。またそういう家の人と結婚して籍を入れると、少々暗かった人でも元気に明るくなってしまいます。これはその家の徳の輝きが伝わってきたり、家の守護霊様が働いてくださっているわけです。結婚運は、ある意味で一家親族の運と言ってもよく、この運が強い家は代々子供が多く、争いごとも非常に少ないのです。

あなたのように、恋愛運はまあまあだが結婚がととのわないというのは、あなたの家か、あるいは相手の方の家に、両者の結び付きをさまたげるものがあるのかもしれません。一つのヒントは、子孫の運を意味するお墓というものを正しい盛運のものに変えるとか、難は少々あっても、それを超えるだけの結婚運をさずけてくれる鎮守様、即ち、産土《うぶすな》神社に継続祈願し続けることによって、開運の糸口が得られることでしょう。いずれにしても、ふだんから家庭内を明るく楽しくするよう心がけてください。

Q3

好きな人の前で意識過剰になってよそよそしくなってしまう。

大学のテニスサークルが合同合宿をすることになり、私も幹事の一人になりました。相手のサークルの幹事にはちょっと憧れている彼もいます。たびたび打ち合わせで一緒になったのですが、意識過剰になって、かえってよそよそしくしてしまいました。高校時代も似たようなケースで、恋が破れた経験があります。こんな自分が情けなくてミジメ。どうすれば直りますか。

（東京都　M・Tさん／大学2年）

［類似のお便り］

好きな人を意識するあまり、恋心が裏目に出てしまう私。単に嫌われるよりミジメです。なんとかこの性格を直したいのですが。

（千葉県　Y・Mさん／OL）

深見

この悩みは若い人に多く、わかっているけどイザとなると……というやっかいさがあります。年をとるにしたがって直りますが、恋の悩みですからそれでは意味がないですね。すぐにでもできる解決法をお教えしましょう。

まず、好きな人と対面した時の自分の気持ちを思い出してみましょう。「この人に変な自分を見せたくない」「態度も性格も、頭の中身も素晴らしく見せたい」――そう思っていたはずです。あれやこれやが胸の中をぐるぐるかけめぐって、結局、自分という人間を何も出せない。ツンとすましているだけになってしまうのです。それも、相手が自分を見ているかどうかもわからないのにです。これはやはり変です。

もし、自分を良く見せたいのなら、好きと言われてからでも遅くはないのです。あなただって相手の彼のことを何も知らないわけでしょう。お互いの素顔を知り合って、初めて本当の恋愛感情が生まれる。だから、自分の素晴らしさを見せようとする前に、相手の素晴らしさを見つけ出すように心がけてください。そうすると、その絶対的に包み込むような好意の波長が、自然に相手に伝わるようになります。

相手のことをよく知りたいと思い、真剣に耳を傾ける、すると自然と素直になり、自分を飾らずに話ができるようになります。もう自分の恋心をねじ伏せて、相手のことのみ広く大きく好ましく思う心をもつようになったら、絶対に相手は好意をもつようになります。何といっても人間の本当の価値は、その人の心のあり方です。中身も素晴らしい男性であれば、あえて意識しなくても、あなたの長所をどんどん見つけ出し、引き出してくれるはず。

ふだんの訓練としては、家庭でもどこでも、しゃべる時はハキハキと。そして、朝な夕な、特に相手のことを意識してドキドキした時などは、相手の名前をフルネームで何度も呼び、

「○○さんの守護神様、守護霊様、御魂《みたま》様、産土《うぶすな》様（鎮守様）、そして、私の守護神様、守護霊様、産土様、何とぞ私の想いを聞いてください。もし、二人にとって有意義で幸せな縁ならば、お互いの思いが通じて良き交際ができますように、

そうでないならば、相手の欠点が見えてきて、私の恋心の苦しさをすみやかに消してくださり、なんでもない普通のお友達にしてください」

とお祈りするようにしてください。

いつお祈りしてもいいですが、寝る時にふとんやベッドで祈るのがベストでしょう。以上のことを実行するだけで驚くほど自分が変わり、二人の間のことは天意に合うように進展するでしょう。

Q4

男友達の多い彼女とヨリを戻すべきか。

一度別れた彼女とヨリが戻って、結婚を考えるようになりました。心配なのは男友達が多くて、ぼくの望むフツーの家庭が作れるかどうかということです。ぼくの親や親類も反対しているのですが、ぼくは彼女のことを愛していて、彼女も「いい奥さんになる」と言ってくれています。うまくやっていく秘訣をお教えください。

（水戸市　Y・Kさん／27歳）

【類似のお便り】

離婚歴のある女性と交際しています。ぼくは結婚を熱望していますが、大学を出たばかりということで、周囲はみんな反対。どうやって説得したらいいでしょうか。

（柏市　T・Nさん／26歳）

深見

このような場合、こちらから言えることは一つしかありません。つまり、宮本武蔵の名言「われ事において後悔せず」の決意をもって一緒になるにしろ、別れるにしろ、自分の信念に従って選択しなさい、ということ。

ミもフタもないようですが、愛情問題、結婚問題は、当事者同士の気持ちが何よりも大切であって、他人が容喙《ようかい》すべきことでもなければ、反対する筋合いのものでもない。お互いが「結婚しましょう、二人でいい家庭を築きましょう」と話し合っているのなら、それがすべてです。

周囲の人が反対する理由はたいてい、「若すぎるから」「一時的に心を奪われているだけではないのか」といったようなものです。親御さんの心配もわからなくはないのですが、いい大人に結婚のことでどうこう言うのは、過保護でしかありません。

しかし反対する理由の奥には、「人間の性情というものは、少々［頑張るわ］と明言しても、そう簡単に変わるものではない」という人間理解の原則がありま す。恋をしたり、深い関係が先行すると、それが見えなくなるのもまた、事実でしょう。しかし、その人の最初の結婚や以前の交際では、まだ本当に家庭を築くための智恵や異性を選ぶ目が未熟であったため、結局、失敗したケースが多いはず。大事なことは、その女性がそれで成熟した異性観や家庭観をもち、本当の意味で成長しているのであれば、その再婚は最高にすばらしいものになるはずです。

そういうケースも多く見て来ました。

しかし、反対に女性がわがままで自己中心でお天気屋で、またヒステリーで浪費癖があって、おまけに浮気症で、考え方が暗く、理屈屋であるという理由、あるいはその中の何パーセントかが強烈だったという理由で別れた場合、また同じ悲劇を繰り返すことになるでしょう。そういう場合は、その人の母親をまずよく観察し、次に父親、次に兄弟姉妹の性情をよく観察していれば、だいたいわかるものです。

交際期間には、たとえ恋にうかれていても、後で悔まないためにそこを冷静に調べておくことです。そのうえで、たとえ、最悪の場合、別れることになっても絶対に後悔はしないと天に誓いを立てて決断することです。

それで、あなたにしても、親に反対されているからといって迷っておられるようですが、その前に、自分にとって何がいちばん大切なのか、をよく考えてみてください。よしんば結婚後に「どうもうまく行きそうにないな」ということになったら、その時は素直に離婚して、新しい伴侶をさがせばいいだけ。私は離婚を奨励するわけではありませんが、一度や二度の離婚を経験しても、本当に幸せになれる相手を見つけたほうが、よほどいいことだと思っています。

問題は、するかしないか、グズグズ迷ってばかりいて、どちらにも煮え切らないことです。

結婚は、一組の男女が幸せになるためのステップです。二人がめぐり会って結婚話が出るということは、やはりそれなりの前世の縁《えにし》があるわけですから、その出会いは吉凶は別にして大切にしたほうがいい。そのためには二人が傷つかないように英明なる決断をすみやかにするべきです。

最後につけ加えておくと、周囲の反対を押し切るのも構いませんが、できうればそうした逆風は解消しておくにこしたことはありません。周りの人の喜びが大きいほど、二人の幸せへの道も拡がっていくもの。

そのために、二人で話し合った結果や将来の抱負を、親御さんなり親戚の方にきちんと説明し、納得させる努力をしてください。その中身もさることながら、そういうアクションを起こすこと自体、「ああ、なかなかしっかりしているな。

これなら大丈夫だろう」と、賛同、理解を得る手立てになります。一人でも多くの人に祝福されるよう、あなた自身が真正面から積極的に働きかけることが肝心です。

Q5 不倫は悪なのか。それともルールを守ればいいのか。

仕事関係の男性と恋愛しています。相手に伴侶がいることを承知の上ですから、不倫ということになりますが、その状況に不満があるわけではありません。けれども、時に、相手を一人占めしたいという感情を持ちます。私はわがままなのでしょうか。

（宮城県仙台市　A・Sさん／31歳）

【類似の質問】

中学時代からの親友の彼女に好意を抱くようになってしまいました。彼女も、僕のことを憎からず思ってくれているようです。しかし、親友を裏切ることはできません。どうしたらいいのでしょうか。

(京都市左京区　Y・Nさん／24歳)

深見

A・Sさん。不倫が「悪」とは言いません。人を思う気持ちそのものは純粋であるからです。しかし、不倫にもルールと客観的な状況の総合判断が必要です。

それは、簡単に倫理観や道徳観だけでは裁けない。解決できない人間というものの基本的な理解力や、弱さや淋しさやはかなさ、そして、わがままさやエゴなところをよく知ってという部分であって、要は誰も傷つけず、自分も後で一切後悔することなく、八方が永続的に幸せであるという前提と環境ならば、不倫も活きる場合があります。

しかし、多くの場合が、20代前半から37～38歳ぐらいまでハッピーな不倫を続けていたが、今後のことを考えると不安になり、結婚をせまったらふられた、というケースも少なくないのです。

これが不幸の始まりなのです。なぜなら、不倫相手が男性としていたれり尽せりで、お金も知識も女性の扱い方の技術や説得力も豊かなために、若い同年代の人を結婚対象として考えられなくなる上に、独りで生きてゆくための経済力や生活設計の準備もできないままに年を取り、ふられて悲嘆にくれる取り返しのつかない悲劇が現実に多くあるからです。

そのことが良く解っていて、それでも死ぬまで後悔しないという覚悟と、ちゃんと自分の経済力とライフスタイルを確立できるという自信がない限り、意を決して別れることです。

女性の場合、どうしても前後のことを冷静に考えず、感情のままに心身ともにのめり込んでしまうことが多いので、よほど内的に大人の女性でないと、不倫は、結局不幸に終わるものだと思います。

Y・Nさん。

恋心に純粋に生きるか、友情に純粋に生きるか。悩むところでしょうが、友情に純粋に生きた方が彼女にとっても、友人にとっても幸せな結果になると思います。もし、友を裏切って彼女を奪ったら、親友の怒りは強烈な生霊《いきりょう》となり、生涯彼女とあなたにつきまとうでしょう。両者を不幸のドン底に陥れるために。

それに、自分自身にとっても一生寝ざめが悪い想い出となることでしょう。あきらめて、他にふさわしい人を見つけるのが最上の策ですが、どうしてもダメで、彼女を忘れられないのなら、彼と彼女の間がさめて円満に別れるのを待つことです。

そうすれば熟柿がポトンと落ちて自分の手に入るように、親友も祝福してくれる交際ができることでしょう。

Q6

素敵な人と巡り会いたいが、なぜか縁なし。結婚は夢のまた夢なのだろうか。

聡明な女性と恋愛をして、愛や人生について語り合いたいと思うのですが、なかなかチャンスに巡り会いません。女性といいお付き合いができるようにするには、どうしたらいいのでしょうか。

（東京都世田谷区　N・Hさん／28歳）

【類似のお便り】

彼氏のいない歴が４分の１世紀を超えました。恋愛や結婚には憧れているのですが、素敵な男性と巡り会えないのです。やはり恋愛運が欠けているのでしょうか。結婚相談所には行きたくありません。

（東京都武蔵野市　S子さん）

深見

女性に人気がある男性の性格というのは、明るい性格、明るい人柄というのが大前提です。雑談をしている時でも、周りを明るく、楽しくさせる雰囲気を持つこと。これが大事なのです。

運勢的に言うと、四柱推命とかホロスコープで見ても、愛に恵まれる人というのは、おぎゃあと生まれた瞬間からモテる。これは当然、前世によって左右されてくるものです。子どもの時から、人を引き付ける魅力のある人がいるでしょう。そういう魅力というのは、男性、女性を問わず、特に美形でなくても備わっています。

神霊的には、例えば、いい悪いは別にして、お稲荷さんや白ヘビさんがついていたり、神社のご眷属《けんぞく》がついていると、非常にモテます。しかし、前者の場合はたとえモテていても、末路がどうしても不幸になってしまいます。また、たとえいい霊や運をもっていても、何かが邪魔をして発動されないということもありえますので、どうしても「恋愛運」にこだわるならば、一度正しい方法で霊的な鑑定をされることをおすすめします。

もう一つは、色情霊がついているかどうかにも関わってきます。

例えば、医療の発達していなかった昔は、若くして病気で亡くなった人が多かった。そういう人の恋愛を果たせなかった無念さ、つまりその人の霊が誰かにつくと、生前の心残りの無念さをはらすかのように男女の関係に憑依《ひょうい》して、異性関係に対して異常なくらいに強く情欲を刺激して作用します。例えば、それ程美人でもないのに次から次へと男性が心を奪われて、特に性的欲求がそそられてその女性のとりことなるなど、その女性についている色情霊が次々に男性に憑依して、その男性の肉体を使って愛欲をむさぼっているのです。

しかし、その結果は結局、男性にとっても女性にとっても、決して幸せなものとはならない。ただ、多くの恋愛や経験をするだけということがあります。ただし、それがいいこともあれば悪いこともある。タレントでも誠実な愛に恵まれる人がいる一方で、色っぽい魅力を漂わせながら次々に話題を起こして、スターとしては一時成功する場合があります。しかし、前述したように、やっぱり最後は不幸な結末を迎える人が多いのです。だからモテればいいということではないわけです。

それでは、真の愛を得て幸せになる運や霊についてもらうにはどうしたらいいのか。それには三つの方法があります。

―幸せな恋を呼ぶ三カ条―

まず第一。何回か恋愛経験の豊かな人は、男女というのは縁があれば自然と仲良くなるものなんだということを知っています。ところが経験のない人は、「オレは恋愛運がないいんじゃないか」とか「私って縁がないのかしら」と思い込んでしまうことが多くて、意識の壁ができてしまう。本人がそう考えるものですから、相手も、どことなく違和感を抱いてしまうのです。

特に女子高、女子大と進んできた女性とか、あるいは男性ばかりの環境にいつづけた男性は、過度に異性に憧れたり、反対に過度に異性との接触を避けてしまうようなケースがよくあります。そうすると、交際の機会が乏しくなったり、いい縁談に恵まれないということになってしまいます。

ですから過度の意識を捨てて、僕もナチュラルな形でお付き合いできるんだと、自分自身に言い聞かせることが大切です。そういうイメージトレーニングを重ねていくと、自然に運を巻き込んでくるようになります。意識の壁を破るということが霊界、すなわち目に見えない世界の運びをよくすることにつながります。

二つ目は環境です。男性ばかりの職場に勤めていて、毎日家との往復だけで終始していたのでは、偶然女性を助けたとかいうことでもないかぎりチャンスはありません。女性の多い集まりやパーティーに積極的に参加するとか、適齢期の女性が多い職場、女性の場合なら年頃の男性の多い職場に思い切って変わるなど、出会いが生まれる環境の中に身を置くことが必要です。

三つ目は、コミュニケーションです。話の弾みのいい人は、やっぱり好かれます。

雑談してても、一人だけボーッとしていたんじゃ、意思の疎通も思うにまかせません。相手と同じようなテンポやリズムで話題に反応し、感性のキャッチボールをするような雰囲気がほしいものです。共鳴してくれる男性というのは女性にとって心地よい存在ですから、「今度一緒に映画に行きませんか」などという誘いにも、自然に反応してくれるようになります。

日常のコミュニケーションを、リラックスして明るく楽しくかわしていく、その積み重ねが女性との距離を徐々に縮めて、ひいてはいい運をよびよせて、素敵な恋愛を実現することにつながる、ということです。

Q7

逆玉男に捨てられ、恨みの日々。

五年も付き合っていた恋人に、突然、一方的に、別れようと言われました。正式に婚約していたわけではありませんが、彼の事業が軌道に乗ったら結婚するというのは、お互いの了解のことでした。それが先月、デートの時にいきなり「もう会わない」と言うのです。彼に得意先の社長のお嬢さんとの結婚話が持ち上がったからです。

相手が若くてお金持ちならば、私はかないません。しかし、あんなに彼に尽くしたのに、と思うと、夜も口惜しくて寝られません。恨みもつのり、二人の結婚を破壊したいとさえ思うほどです。こんなゆううつな毎日から抜け出すにはどうしたらよいでしょうか。

（新潟県　公務員／29歳）

深見

不幸にして恋愛に破れたとき、相手を恨み、「のろってやる！」はいけません。その気持ちは分からないでもありませんが、人をのろえば、その念が生霊《いきりょう》となり、相手に災いをもたらすと同時に自分も不幸になります。ひどい場合は死ぬことさえあるのです。一般的には、極端な情緒不安定になる場合がほとんどです。

ふられたときの最善の治療法は、ハッキリ言って「あきらめる」しかありません。しかし、そのときの気持ちの持ち方が重要です。

―ふられた時の自己救済法―

①**未練を持たない。**このまま付き合っていたら、結局二人とも不幸になった、と考える。

②**相手の幸せを祈る。**あなたの尽くした誠意は守護霊がちゃんと知っているのだから、もっといい人を見つけてあげようというふうに運が向いてくる。

③**将来に目を向ける。**過ぎ去ったことは青春の一頁として心の片隅におき、これからの楽しい人生のためにがんばる。

――この三カ条を守ること。

とは言っても、信頼していた恋人に裏切られたとあっては、他人には分からぬほどの辛さがあるでしょう。前向きな気持ちになれなかったら、まず大声で泣いてしまいましょう。シクシクではなく、一時間も二時間もワンワン泣くのです。自分でも驚くぐらいスッキリして、暗いほうへ向かっていた心が、一八〇度転換、ウソのように晴れ晴れします。おためしあれ。

Q8

初対面で、いきなり恋の予感。前世とどんな関係があるのでしょうか？

今付き合っている彼とは、三カ月前にテニスの合宿で出会いました。ひと目見た時から古くからの知り合いのような感じを受けて、「こんな人とお付き合いできればいいいな」と思いました。そうしたら、彼の方も同じようなことを感じていて、優しくしてくれるのです。お互いの趣味も性格も違うのですが、妙に気があって毎日デートしています。

よく「前世の因縁」と言いますが、私たちも前世で何かの関係があったのでしょうか。もし、夫婦だったりしたら嬉しいのですが……。

（東京都　Y・Aさん／21歳）

深見

お二人の前世を鑑定してみた結果、あなたが予感したとおり、大変に仲の良い夫婦だったようです。

世の中には、驚くようなドラマチックな結婚や、大恋愛で結ばれるカップルがいます。これらのカップルの前世を鑑定してみるとほとんどの場合、前世でも夫婦か兄弟姉妹、あるいは親子だったケースが一般的です。そして、強いつながりを保っていた夫婦の場合は三たび生まれかわっても、熱烈な恋をして、愛を成就させるのです。

もし、二人のうちどちらかが結婚していても、やがて結ばれることが多いのです。ひと昔前の「許されぬ恋」は、たいていこの「前世の恋愛関係」の影響が及んでいるのです。

このような二人は、まさしく「赤い糸」で結ばれています。そして、その糸も鮮やかな輝きを放ち、また、何者も断ち切れない強さと太さがある、最上級の「赤い糸」なのです。しかし、通常は10組に1組もこのような夫婦は存在しません。

ところで、あなたと彼は前世の縁があるとはいえ、「世紀の恋」ほどの強靱《きょうじん》な「赤い糸」ではありません。縁があることに甘えず、思いやりを持ちながら、お互いを磨く努力をしてください。それさえ忘れなければ、必ず幸せになれるはずです。

Q9 いつも男性に騙《だま》されてばかり……。良い男性と悪い男性はどうやって見分ければよいのでしょうか？

深見先生、どうかこの男性運の悪い私にアドバイスをお願いします。私はこれまで、七人の男性とお付き合いをしてきました。しかし、そのどの人とも今考えると「最悪」と思えるお付き合いばかりなのです。

ある人とは、結婚寸前までいったのに、彼に新しい女性が現れて棄てられました。また、年下の人と付き合っていた時は、物心両面で支えていたのに急に「別れてくれ」と言われて、あとに残ったのは残高の無くなった貯金通帳だけでした。

不倫の付き合いだった人とは、「女房と別れるから」と言ってしょっちゅう私の部屋に来て、半同棲状態だったのに、結局、奥さんのところへ戻っていってしまいました。友達にも「どうしてそんなにくだらない男とばかり付き合うのか。男性を見る目がなさすぎる」と呆れられています。

どうすれば、私にふさわしい男性にめぐり会うことができるのでしょうか。

（神奈川県　A・Sさん／27歳）

深見

大変な経験をしましたね。もし、この世の中に「結婚」という制度がなかったとしたら、それだけで女性を騙す〝悪い男〟は、現在の半分以下に激減していたことでしょう。

最近は女性上位で、女性の方がより強い選択の権限を持ちつつあるようですが、結婚願望の強い女性にとっては、やはり「結婚」という二文字は、ある種の魔力を持って見えてしまうのでしょう。ちょっと酷なようですが、あなたにもその傾向がかなり色濃く出ているようです。

あなたを鑑定したところ、「性格はおだやかで、お人好しなので人には好かれ」ますが、その反面、「はっきりした自分の意思や考えを持っていないので、物事の判断基準がかなり甘くなる傾向がある。また、独立心はあまりなく、依頼心が強いので、すぐ人に頼ってしまうところがある」ことがわかりました。

あなたの体験は、大変お気の毒ではありますが、あえて厳しい言い方をさせていただけば、あなた自身の甘さがもたらした不幸である、とも言えるのではないでしょうか。

いつも私が口をすっぱくして言っているように、結婚は人生の最終目標ではないはずです。充実したお付き合いの結果として、結婚がついてくるのではないでしょうか。まず「結婚ありき」では順序が逆です。だから、結婚をエサに近づく男性に、まんまと引っかかってしまうのです。

あなたに考えてほしいのは、「どうすれば結婚相手がみつかるか」ではなく、

「どうすれば結婚できる自分になれるか」なのです。あせらないで、自分を磨く努力を地道に続けてください。人の言うことに惑わされず、自分で考えて判断できる大人の女性になることが先決です。

とは言っても、自分が好きになった男性のことを客観的に判断するのは、なかなか難しい場合もあることでしょう。あなたと同様の相談は、実に多くいただく質問のひとつなのです。そこで、私の長年の経験に基づいた「危ない男性を見分けるポイント」をお教えしましょう。お付き合いする男性を選ぶ際の参考にしてみてください。

―危ない男性を見分けるポイント13―

①よくしゃべるのだが、話に内容がなくて、その場限りの思いつきだけでしゃべるタイプ。話し方も早口で、語尾がはっきりしない。

②いつも落ち着きがなく、視線もキョロキョロしている。二人きりで会っていても、まともに目を見ない。

③理由もなく、突然無口になったり不機嫌になったりと、その日によって気分の差が激しいタイプ。気をつかって優しい言葉をかけても、揚げ足をとるように突っかかってくる。

④話すことが、ほとんど他人のうわさ話か悪口で、一度として人をほめたことがない。そして、自分や家族のことは一切しゃべらない。

⑤金銭にだらしがない。平気で人に立替えさせたり、借りたお金をなかなか返さない。

⑥いい格好しいで、必要以上に自分を大きく見せようとするタイプ。人の評価

を異常に気にする。

⑦同性の友達が少ない。

⑧話がいつも自分の興味のあることばかりで、相手の話を全然聞いていない。だから何度話しても、こちらの話は忘れている。

⑨秘密が多い。カバンの中や手帳を見たりすると、烈火のごとく怒る。

⑩並みはずれて外見に無神経で、デートの時でも髪がボサボサ不精ひげ、ツメは真っ黒というタイプ。

⑪人前では堂々としているが、二人になると細かいことに異常にこだわる潔癖症タイプ。ちょっとミスをすると、いつまでもクドクドと説教する。

⑫やたらと業界用語や隠語を使うタイプ。相手が理解できなくても平気で、意味をきいても教えてくれない。

⑬なにかと言えば「結婚」を持ち出すタイプ。「どうせ結婚するんだから……（お金を貸してくれとか、ホテルへ行こう）」などと言ってその場をしのぐ。そのくせ具体的に結婚の話をしようとすると、必ず「もう少し待ってくれ」と言う。

これらのうち、一つぐらいならどうということはありませんが、三つ以上かさなってくると〝危険度〟は、かなり高まってきます。その時は、友人や家族にその男性を会わせて、客観的な意見を聞くことをおすすめします。

Q10

恋愛関係が長続きしないのはなぜ？

私は自分で言うのも何ですが、結構モテるほうで彼氏に不自由したことがありません。「あの人が素敵だな、付き合いたいな」と思ったら、結構そのようになるのです。ところが、たいてい三カ月くらいするとケンカをしたり、なんとなくすれ違いが多くなって、別れてしまいます。一度本格的な恋愛がしてみたいのですが……。

（秋田県　Ａ・Ｋさん／23歳）

深見

人と人との付き合いに、「三日、三月、三年」という節目があるのをご存じでしょうか。さらに関係が深くなるか、愛想をつかして別れてしまうか、の分岐点の時を指しています。出会ってすぐは愛のために何も見えなくなって、お互いの欠点など目に入りません。よく言われる「アバタもエクボ」という状態です。ところが、デートを重ねていくと「なんだ、こんなところがある人だったんだ」というところに気がつくようになるはずです。

さきほどの「三日」をデートの「三回」に置き換えてみましょう。三回ぐらい会うと、それまで気づかなかった相手の性格やクセが見えるようになります。そして、三カ月も付き合うとお互いの遠慮もなくなり、名前も呼び捨てになったり、相手のいやなところをはっきり「いや」というようになります。それが乗り越えられれば、次の節目が三年くらい後にきます。ある生物学者は「人間は本来、ある程度の子育てを終えるとおよそ三年を周期に相手を替える動物で、そうさせないために結婚という制度を考えだしたのだ」という説さえとなえているほどです。

さて、あなたを鑑定した結果、「やや飽きっぽく、相手に対して厳しいところがある」ということがわかりました。相手の欠点をあげるより、「こんないいところがあるんだ」という好意的な見方をするようにしましょう。ケンカになったら、まず自分に非がなかったかを考えてみること。それから、こういう場合、最初の頃の恋愛で、あなたがふった相手の生霊が災いしている場合が多くあります。その場合、思いあたる人の顔を思い浮かべ、21日間、一日30分間、真剣にその人の幸せを祈り続けることです。

怨念を返すには愛念しかないのです。そうすれば、あなたにも本当の恋愛運が向いてくるようになるでしょう。

第2章

「運勢」について

Q11

表札や印鑑を作る時の大事なポイントなどを教えてください。

一年前に家を購入したのですが、まだ表札をかけていません。表札にも良い相・悪い相があると聞き、作りそびれているのです。材質や形式はどんなものがいいのかアドバイスをお願いします。また印鑑についてもお教えいただければ幸いです。

（秋田市　K・Nさん／44歳・男性）

深見

表札あるいは看板などは、家や人格を表わすとして昔から大事なものとされています。ただし「このようにすべき」という厳密な決まりはなく、人それぞれに個性があるように、気に入ったスタイル、気に入った形のものがあってよいと思います。ご自分で作られても差しつかえありません。あえて神霊学的な面から挙げるならば、材質はツゲ、スギ、マツ、ホオノキなどの樹木がいいとされています。私はいつもツゲをお奨めしています。

字はやはり太くて力強いもの。生命力にあふれた行書体などの字は、見た時に体の奥から力が湧いてきます。細くてしゃれた字体もたまに見かけますが、あまり弱々しいものは感心しません。

表札をかける日にもこだわる方がいますが、これも気にする必要はなく、自分の好きな数字の日にするとかで決める方が、運気を呼ぶことにもなりますが、どうしても気になる方は自分を発奮させる意味で、例えば末広がりの「八」のつく日を選ぶのがいいでしょう。

ユダヤ霊学であるカバラでは、8は天にあるものを地に写すラッキーな数とされています。心にあるよき想いを、表札という形にして表に出すわけです。

Q　よくわかりました。同様に、印鑑の場合もあまりこだわらなくてもよいのでしょうか？

深見　基本的にはそうですね。ただし実印となると、その人の代りに法律的に文書で機能する訳ですから、ある程度運勢に深くかかわっていますので、表札よりは扱いを慎重にする必要があります。

ふちが欠けていたり、印影の薄いものは運気を下げますから、早めに交換すべきです。

材質としては、象牙や水牛が人気があるようですが、動物の骨などは往々にして邪気がこもっていることがあります。印鑑でもお奨めしたいのはやはりツゲです。ツゲは神を宿す木の一つなのです。値段も手頃です。一般には「印材に木を使うと、減ったり欠けたりするからよくない」と言われますが、欠けたらまた新しい印鑑を作ればいいのです。

印鑑は使う人の分魂を宿しますから、命をもっているのですね。だから、ある程度新陳代謝があったほうが、息吹が活性化してプラスにはたらきます。

家を買う時、新しいことを始める時など、気になる人は印鑑も新しく作って心機一転をはかるのもいいことです。

いい印鑑は、使う人の幸福を願いつつ製作されており、おのずと清々しい雰囲気を発しているものです。新たに印鑑を作ろうという時は、周囲の人の良い印鑑などを見せてもらって、信頼のおけるお店に注文するのがまちがいないと思います。

Q12

大金持ちになる方法を教えてください。

バブル経済がもろくも崩壊したこともあって、金儲けは悪、欲を出すとろくなことがない、といったような意見が勢いを得ています。それでも僕は、お金は幸福への大事な要素だと思っています。

何のとりえもない僕が、人に認められ、可愛い女性と結婚するには、何よりもまず金持ちになること。先生、大金持ちになる方法を教えてください！

（東京都　K・Iさん／学生）

おっしゃる通り、お金、財産といったものは、より良い人生を送るために大切なものです。問題は、その財産をどのように築くか、ということです。

深見

株式投資でも不動産投資でも、経済の動きをきちんととらえて、自分の身の丈にあった資産運用をしていれば何も問題はないわけです。ところが、簡単に金儲けができるのだと錯覚して、「バスに乗り遅れるな」とばかりに、我を忘れて、とにかく金、金、金となってしまったのが間違いのもと。

法に触れないとはいえ、よほど悪どいことをしない限り「濡れ手に粟」などということはありません。やはり地道に、真面目に、こつこつと蓄えていくか、正攻法のビジネスを人の三倍努力をしてやることです。これがお金持ちへの正道なのです。

「そんなことじゃ、小がつく金持ちにもなれない」とお思いでしょうが、金運も天からの授かりもの。神様が「この人はもう財産を作ってもいいだろう」という時期が来れば、あっというまに蓄えも資産もできるものなのです。もちろん人によって、その時期も違えば規模も違います。それは持って生まれた運勢で決まってくるわけですが、そういう努力次第でいかようにも変えることができるし、新たな運気も呼びこむことができるのです。

これらについては私の『大金運』（ＴＴＪ・たちばな出版刊）という本に詳しく説明し、どうすれば爆発的な金運を得られるかまで書いておりますので、ぜひご一読いただきたいと思いますが、最も大事なことは、自分の幸せのためだけではなく、人の幸せのためにもお金を稼ぐ、財産を作りましょうという姿勢です。そうでないと、金運も永続きせず、幸運のチャンスや春風のめぐりくるリズムも継続しません。

可愛い奥さんをもらいたい、という動機も「絶対にいかん」とは言いませんが、奥さんをもらった後は情熱が冷めてしまい、根気やビジョンのバネの大きさと永続性がありません。もっと大きな、永続性のある目標を選んだ方が、結局は可愛い奥さんをもらうグレードも上がると思います。

いずれにしろ、「お金がすべて」ではなく、人生のための一要素と考え、正しい蓄財とそのプロセスを充実させ、楽しむという太い道を歩んでいただきたいと思います。

Q13

金運をよくするには。

給料が安い割に付き合いが多く、しかも独身の一人暮らしなので、金は出ていくばかり。もう30歳になりましたが、1円の貯金もありません。最近は「宝くじに当たれば……」などと夢のようなことを考える有様です。やはり何か神様をおまつりして祈るべきなのでしょうか。

（川崎市　M・Cさん／30歳）

【類似のお便り】

ボーナスで買った株は下がる一方、友人に貸した金も戻らず、競馬・パチンコも負けてばかり。いままでも予定外の金が入ったことなど一度もありません。よくよく金運に見放されているのだと思います。何とかならないものでしょうか。

（札幌市　R・Mさん／35歳）

深見

「なぜ、金運が悪いのか」については、普通の人か、それ以上に働いているのに、いつも金欠病で悩んでいる人は、改善策として、まず、収入額が一定している場合、例えば、公務員や人事、経理、総務などの仕事をしている場合は、まず余計な出費がないよう節約に心がけることと、次に副収入を得る方法を見つけるしかありません。

ここで威力を発揮する神仏とは、前者に対しては三宝荒神《さんぼうこうじん》があり、よくお台所の家計を守ってくれます。後者については、諏訪大社や、住吉大社、蔵王権現《ざおうごんげん》をおすすめします。諏訪は無から有を開く神であり、住吉はそれに準じ、蔵王権現は地上に顕現する強力な頭脳の冴えを支える神だからです。

しかし、それにしても神頼みだけでは道は開かれません。何よりも神仏を動かし、世の中にそれらを具体的に結実させるには、強い意志力に加えて、やってみようとする勇気と行動力が必要です。それが神仏に示す誠意であり、現実の社会や人間を動かす誠意なのです。これがまず第一の金運改善策。

次に収入額が変動する場合、例えば歩合制のセールスマンやセールスウーマン、また自営業や自由業の場合は、伊勢神宮、住吉大社、熊野大社、箱根神社、三輪大社などをはじめとする有力な各地の一宮、官幣大社《かんぺいたいしゃ》ならどこでもＯＫです。誠で祈れば、すぐに売上げや収入にはね返ります。

また、出雲大社や、仏界では三面大黒天は人脈の輪を広げ、そこから宝や富を与えてくれる存在です。しかし、こういう人の努力プラス神仏のご加護を受けてもなお、金運が悪くて苦しんでしまう場合は、一言で言えば持って生まれたさだめ、自分の前世の業《ごう》ということで、『大金運』をはじめとした私の著書（ＴＴＪ・たちばな出版）にていねいに説明していますので、ここではあまりふれません。

そこであなたに必要なことは、金運がないという宿命を素直に受けとめることです。ご先祖やお父さん・お母さんを恨まない。運命を呪わない、それは、自分の前世の業と徳のバランスに合った所にしか生まれてこないからです。そして自分を嘆かない。腹を立てても、それでどうなるというものではないでしょう。金運がないならないで、とにかく前向きに考えるしかありません。

お金がない、けれども欲しい。ではどうするか。単純です。金運を呼び込む財徳を獲得すればいいだけ。この方法も私の著書には様々な事例を挙げてくわしく述べていますが、あなたの場合だったら、まず明日から労働時間を三倍にしてください。朝起きて会社に行く前に一仕事する。これは会社の仕事でもいいし、アルバイト的なことでもいいです。会社を退いた後も同様に仕事をする。もちろん現在の会社の仕事をしてもいい。直接収入に結びつくことでなくともいいのです。「稼ぐに追いつく貧乏なし」という言葉がありますが、体を使って働きまくることによって、金の流れ・金運の流れ、財徳をよくするのです。それが第一番の実践方法です。

金銭運がないため、人と同じにやってもお金が貯まらないならば、人並みになるには他人の三倍働けばいい。三倍努力し、三倍苦しむのです。「業」という苦しみの素があり、どうせ今世でそれを解消しなければならないのなら、腹をくって、苦しみを覚悟してチャレンジしてください。人の三倍の労働を続けていると、苦しみが少しずつ、少しずつ減っていきます。やがてある時、その苦しみの入っていた袋がパンと消える。すなわち「業」が消滅するのです。身体的には、それは厳しい修行の中から出てきた叡知や人の引き立てによって切り開かれる機会が多い。

その臨界点を超えたらもう大丈夫。後はもう、それまでのことがウソのようにドドーッと金運がなだれこんでくる。大金運に変わるのです。これは私が保証します。前世のカルマを解消して、ターニングポイントを回ると、それまで苦労したことが強いバネになって、逆に少々の徳分を持っていた人よりも優れたことができるようにもなります。「若い時の苦労は買ってでもしろ」というのは、そういうことを含めて言っているわけです。

問題は、途中でくじけないで完遂することができるかどうか。十年二十年かかるつもりでやらないといけない。中途半端で終わっては何もなりませんから、できるだけ自分の得意な分野、好きな仕事をするほうがいいでしょう。いずれにしても、暗くウジウジやらないで、明るく、前向きに取り組むこと。いったんカルマを超えてしまえば、死ぬまで幸運がつきますから、あきらめず、くじけずにがんばることが肝心です。

Q14

思わぬ大金がころげこんだが、これで運を使い果たしたことにならないだろうか。

初任給で買ったジャンボ宝くじが当たり、前後賞合わせて何と一億円という大金がころがりこんできました。もうラッキーと言うしかありません。ただ気がかりなのは、私の運の全てを使い果たしてしまったのではないかということなのです。とすれば、これからの長い人生が不安です。

（東京都調布市　H・Tさん／23歳・会社員）

【類似のお便り】

麻雀、パチンコ、競輪、競馬と、余暇をフルに活用してギャンブルを楽しんでいます。四月頃からツキまくり、現在まで連戦連勝ですが、友人は「人間のツキの量が決まっているから、もうすぐ落ち目になる」と言います。本当でしょうか。

（大阪市西成区　S・Kさん／35歳・自営業）

深見

ジャンボくじの一等は二五〇本〜三〇〇本ですから、四〇万〜五〇万人に一人が当たることになります。H・Tさんはその少ない幸運を射止めた人ですから、ひとまず、おめでとうと言っておきましょう。

しかし、今の世の中で一億円というお金はどれほどの意味があるのでしょうか。

サラリーマンの生涯賃金を三億とすれば、その三分の一を一瞬にして手に入れたことになります。

確かにそのような機会は滅多にあることではありません。しかし、いざ使う立場となれば、首都圏のまあまあレベルの一軒家を買えばおしまいというぐらいの価値しかありません。

その程度のお金を手に入れることであなたの人生の運の全てが失われるというのは、情けないではありませんか。人はさまざまな環境に生まれ、さまざまな人生を歩みますが、その一人ひとりに与えられた可能性に大きな差はありません。

要はその可能性を認識できるかどうか、また、小さなチャンスをバネにして次へのステップや新たな精進努力への糧にすることができるか否かによって、人それぞれの生き方の違いや一生の成果の差となって現われてくるのです。

つまり、あなたの「気がかり」は、一億円の金を過大評価する一方、自分自身の価値を過小に見積もることによって生じたものなのです。

ところで一億の金。もし、その金を自分の可能性に対して投資することができれば、あなたの運も、より大きく、より広く、開けるはずです。

自分自身が素晴らしい人間として成長するために、お金を使うのです。例えば、何年間か外国に留学して勉強するための資金として使うのです。素晴らしい人間とは、自分のみならず、他人を思いやることのできる人であり、人々を魅了する個性の輝きを持つ人のことを指します。

まず己れを磨き、その上で他の人々を助けることができれば、一億円の金は、生きたお金として一〇億円二〇億円の価値を持つはずです。そして、そのような活用ができる人の運は尽きることはありません。せっかく与えられたチャンスを、本来の可能性を拓くために拡大してみませんか。

さて、S・Kさんの質問です。あなたは、自営業を営んでいらっしゃるのですから、プロのギャンブラーではないはずです。

とすれば、「勝った負けた」に必死になる必要はないのではありませんか。レジャー、頭のスポーツと考えて適度に楽しむべきです。のめり込んで、ギャンブルが本業になってしまえば、心にゆとりがなくなり、迷いが生じます。そして迷いこそ、勝負事の大敵。遠からぬうちに、あなたは連敗街道を走りはじめることになります。

また、努力せずして得た一時の快楽は、先天の徳分を減らします。営々努力して、苦と立て替えに得た進歩や利他の貢献は、先天の徳分を増やします。だから、もし、ギャンブルで得た金で歓楽の時を徒《いたず》らに過ごした場合は、一生の徳分を使い果たす故に、晩年は得てしてみじめな境遇となることでしょう。

汗水たらして努力して得た金が、本当の財徳となるものであり、晩年にも続く華をもたらすものであることを、肝に銘じてください。

Q15

姓名判断、運命鑑定をどう受け止めるか。

「マサシ」とか「タダシ」など、「シ」で終わる名前はあまりよくないと聞きました。私の名前も最後に「シ」がつくので、何かこれからの運勢に悪い影響でもあるとイヤだなアと思っています。「シ」で終わる名前は変えたほうがいいのでしょうか。

（前橋市　K・Yさん／学生）

深見

「シ」で終わる名前が絶対にいけないというわけではなく、あくまでも姓名判断の一つの要素として見ての話です。その要素とはまず画数、これは重要です。次に木火土金水の五行、陰陽、それから字の意味、そして最後に音という順位です。

「シ」で終わる云々は、この音のよし悪しを言っていて、一般的には最後は伸びる音のほうがいいなどとされています。

ただし、運命鑑定では天命を中心にした総合的なバランスを問題にしますから、名前の、それも音がどうこうなどはほんの些細な要素でしかありません。多少音が悪くとも、画数や意味など他がよければ、そちらの方でちゃんと補ってくれますから、気にする必要はないのです。

それでも、いつも胸にひっかかっているように気になるのであれば、姓名鑑定してもらうのもいいでしょうし、たとえば明良と書いて「アキヨシ」クンだったら「メイリョウ」と呼んでもらうようにするだけでもいいのです。

ふだんからどうもツキがなくて、鑑定してみたら、画数から五行、音、何から何まで悪かったとなれば、改名も考えなくてはいけませんが、音だけを気にして「悪いんだろうか、ダメなんだろうか」と心配していると、本来あるいいもので悪くするおそれがあります。

人間の運勢は、持って生まれた天の命数がいちばん大事で、名前による強運・弱運は補運のようなもの。その証拠に、同姓同名の人でも、まったく違う人生を歩むでしょう。運を改善し強くするならば、推命学やホロスコープで査定した天の命数や命式を、方位、家相によって悪しき天の気を受けているところを改善してゆく方法がまず一番で、次に改名、次に子孫のことは墓相、次に印鑑などが積極的な開運方法として挙げられます。

しかし、全ての開運方法の究極であり、悪運の根源を改め、幸運の元を知って吸収できる方法は、天地《あめつち》と神仏を動かしうる正しい信仰力以外にありません。それにより、因果の本《もと》を知り、進んで善徳を積むなど、積極的に切り開くようにしていただきたいと思います。

Q16

受験生の息子にツキがない。どうしたらいいのか。

私の息子は大学受験生ですが、昨年に続いて今年の受験にも失敗してしまいました。つまり2浪生です。成績も中以上だし、普段もよく勉強しています。息子の友達は受験の時、ズバリと習ったばかりの問題が三つも出たといって一足お先に合格しています。私の息子にもそのようなツキを呼び込むてだてはないものでしょうか。

（京都市　K・Mさん・会社員／51歳）

【類似のお便り】

私の娘は今年大学受験に落ちてしまいました。娘よりもレベルの低かった子が何人も合格しています。受験にもツキのようなものがあるのでしょうか。

（千葉県　I・Hさん・主婦／48歳）

深見

世の中には何をやっても運よく成功する人と、いつも失敗に終わる運の悪い人がいます。「何故あいつはついていて、自分にはツキがこないのか」と、失敗を体験した人ほど、「自分もツキを摑みたい」と願っています。では、運をよくするためにはどうしたら良いのか。

それはまず、人の運の大半は生まれた時点でほぼ決まっているものなのです。それは、本人の前世が人に益した徳と、逆の劫《ごう》の絶対量とにふさわしい運と不運の星の下に、それ相応の家に生まれます。しかし、これは絶対的なものではないのです。善を思って善行をする時、それは徳と劫となって命運にはね返ります。これが運命を根本的に変えてゆく直接的な原動力となり、少しずつ、少しずつ、運命を改善する転機を作ってゆく元となるものです。

それでは、善を思って善行をするとは具体的にどうすればいいのでしょうか。儒教に「修身《しゅうしん》斉《せい》家《か》治《ち》国《こく》平《へい》天《てん》下《か》」という言葉がありますが、まずあなたが身を修め、それから家を調《ととの》え、そして国家を治め、しかる後に天下を平らけくするという意味です。つまり、善行のはじまりは己れを修め磨くことなのです。

こうして、善行の輪が広がることによって、大きな徳も積めるようになる訳です。特に受験による運、不運は直接的には家代々の善徳や悪劫が原因する場合が多く、もっと直接的には水子霊の有無や、墓相の善悪や、先祖からの不成仏霊や強力な守護霊などの存在が、影響を及ぼす場合が多いのです。

こういうものを地道に改善して行く親の努力が実を結ぶ場合もありますが、一年そこそこでガラリと全体の運気が変わるものではありません。

ではどうすればよいのか。

結論から言えば、どんな不運な場合を想定しても、絶対にあるレベル以下には落ちないという実力を養えばよいのです。受験ほど善行のはじまりの修身によって運を開けるものはありません。刻苦勉励して、全国模擬テストの偏差値が、平均75点や80点ぐらい取れている人なら、どんなに不運でも、10校受験すれば7校から8校は合格するはずです。不運なことに、自分の一番行きたかった大学には行けなかったが、それに匹敵する大学には行けるはずなのです。幸運にも、思ってもみなかったあこがれ校にたまたま合格できた、という可能性を夢見なければいいだけです。

それから、自分よりもレベルが低かった人が合格したとか、当人は普段勉強しているというのは、全くあてになりません。模試の結果の最終は一月頃ですが、模試を受けた時から入試当日までの2カ月間で、現役生の場合は特にグンと成績が上がります。この時を適当に過ごした人とは追い込みで天地ほどの差が開きます。

だから、子供の言うことをそのまま鵜呑みにせず、冷徹に受験の現状や運、不運を超える努力の姿勢を知らせ、温かくこの壁を超える試練の日々を見守ってあげるべきでしょう。

Q17

悪い方角に住んでいる場合、引っ越さなければいけないか。

方位によって運・不運が決まると言いますが、悪い方角に住んでいる場合、引っ越さなければならないのでしょうか。

（堺市　タケダマリコさん／20歳）

【類似のお便り】

私は気学に興味を持ち始め、いろいろ本を読んだりしたところ、動く方位によって運が良くなったり悪くなったりすると知って、何だか心配になりました。実は、今住んでいるアパートは、実家から見ると、とても方角が悪いのです。一日も早く引っ越ししたい気持ちになっています。

（佐伯市　K子さん／45歳）

結論から簡単に申しますと、今住んでいて、引っ越しすることは、事情が許さないのであれば、それはもう方位を気にしない、ということにつきます。

深見

たとえばサラリーマンの場合、会社から「○○へ転勤を命ず、この社宅に住みなさい」といわれると、気学を見て悪いなと思っても、普通それは変えられません。そのように変えることのできない場合には、見ないほうが吉。良ければ安心するでしょうが、もし悪かったら、もう気になって仕事にも打ち込めなくなってしまうでしょう。良くないことがちょっとでもあると、「やっぱり悪方位だから」と、自分の努力が足りないことでも方角のせいにするようになる。何でも気になるから、マイナスの運勢を引き込んでしまうのです。

そうして悪方位を取らざるを得ない時は、自分のアク出しであり、その苦労が素晴らしく前向きな場合は、守護霊があるレベルまで行くと、自然に吉方位に行かせてくれるものなのです。

ただし、変えられる可能性がある場合、自宅を建てるとか自分の会社を作って事務所を出すというケースでは、選択の余地があるわけですから、そういう時はなるべく吉方位を選ぶべきです。特に大事なのは、距離の遠いところに家移りするとか大きく変わる場合。こういう時にぴしっと吉方位を選んでおけば、運勢がいい方にいい方にと巡っていきます。しかしあまり細かいことまで考え過ぎると、かえって逆効果になりますが。

Q 方角等の悪さよりも、気にしてしまうことによるマイナスの方が大きく……。

深見 その通り。気学も、人の幸せを実現するためのひとつの方法論ですから、自分で選択の余地がある時は、よく見て決めれば、その分だけの吉運はまちがいなく獲得できますが、その奥にはもっと深い命運の法則があり、想念や霊界の働きの方が、もっと強く運不運の働きに影響力があるのです。だから、なるべくプラスの部分だけを取り入れるのがいいでしょう。

Q18

占いで出た悪い運勢を良い運に変えることはできないか。

占いの本を見たら、この一年の運勢が「最悪」と出ていました。なんとかこの悪運を、良い運に変えることはできないのでしょうか。

（愛知県宝飯郡　アサイタケシさん）

【類似の質問】

ある占いの本で自分の運勢を見ると、「今年の運勢は最悪」と書いてありました。これは一〇〇％信ずるべきなのでしょうか。また、本当に運が悪いとしたら、このような悪運に打ち勝つにはどうしたらよいのでしょうか。

（兵庫県　N子さん）

深見　一般的に占いというものは、そこに出た結果、すなわち運勢等の良し悪しに対しておびえたり、また逆に有頂天になったりするべきではありません。むしろそれを自分がどう考えるか。悪運なら悪運を、自分としてはどうとらえようとするのか、が大事なことなのです。

Q　信じる、信じないということではなく、自分の考え方次第でいいのですか。

深見　基本的にはそういうことです。ただ自分次第とは言っても、無分別や極端に自分本意の考え方では困りますよ。

悪運とか衰運、または幸運、盛運というのは、人間から見た尺度であって、神様の目、霊界の目から見たら、実は人間にとっては悪運の流れにある時のほうが、むしろいい時期なのです。

いわゆる盛運の時期とは、形あるものに表現していくと吉、という時であって、外へ出ていったほうがいい。ところが衰運期というのは、陰と陽に分けると、陰、すなわち中身を充実させなければいけない時。充実させたものを外に出す盛運期に対して、中身を養う一時の休憩の間が衰運期と言われているわけです。言わば、種まきと収穫の関係にたとえられます。

ただし衰運期は種まきをするのだから、この時期に収穫をする、あるいは外へ向かって出ていくことは、そうした運勢の流れに逆らうことになります。では衰運期にあってどう身を処したらよいか——。

その時期は来たるべき次の盛運期のために準備をする、つまり外へ向けて動くのではなく、自分の内面的なものを錬磨してください。あまり新しいことをせずに、原点に帰って自分を顧みる。そうして、基礎的な研鑽に打ち込むのです。そうすれば次の盛運の勢いが大きくなり、結実する成果も偉大なるものとなります。だから、この時期は内なる自分を充実させる方向にエネルギーを向けたほうが、結局吉運を呼びやすくなるのです。

これをわかりやすく言いますと、悪運期の時は小さな失敗、苦労を繰り返す。しかし、やがて盛運期を迎えるとこの経験が大きく活きてくる。実業界でも大成功を収めた人はほとんど皆、若い時に苦労や失敗を積み重ねているでしょう。衰運期の失敗の経験が大成のもとになるのです。

Q では占いで「悪運」と出た時は、自分にとっては内面を磨くチャンス、ということに……。

深見 そう、内面的な幸運期、盛運期と考えればいい。『易経』ではそのように、盛運・衰運、あるいは吉・凶は巡っているととらえています。反対に盛運期だからといってあまり調子に乗ると、まっさかさまに落ちます。やることなすことがスムーズに運ぶと、誰しも我と慢心が出やすい。すると衰運の度合もひどくなります。調子に乗りすぎないように気をつけなさいということですね。

衰運の時は、内面を養う時期ですから、調子が悪くてもあまり自分を卑下せず、前向きに、積極的におのれを立派にするために、生きる教えを与えられているのだととらえ、勇敢に全てのことに立ち向かって学んでください。大きな強い守護霊が交替して加勢してくれるのも、この時期が最も多いのです。占いで現われた運勢を人生のひとつの指針として、過去を顧み、そして未来を前向きに展望する――これが正しいとらえ方だと思います。

Q19

ホクロをとりたいが、運勢まで変わってしまうのでは……。

顔のホクロをとってしまいたいのですが、運勢が変わったりするようなことはないでしょうか。

（甲府市　S・Kさん／24歳・女性）

【類似の質問】

私の顔にはたくさんホクロがあります。雑誌で美容整形によってホクロをとることができると読み、ホクロをとってしまおうと考えています。

でも、ホクロの場所などが運勢にかかわっていると言われますので、その点を心配しています。

（京都市　K・Hさん／43歳・女性）

深見

まず、知っておいていただきたいことは、ホクロというのは、運勢を決めるというよりも、むしろ結果なんです。

人の運命、運勢のおおまかな枠組みができるのは、その人がオギャーと生まれてきた時、つまり生年月日がいちばん主要な影響をおよぼします。次に名前。このふたつが運勢をほぼ決めてしまう。その結果で、人相ができ、ホクロの位置も決まってくるのです。ホクロが運勢を決めるのではなく、運勢を象徴するものがホクロ、と考えてください。

Q　ホクロが自然に消えたり、できたりということもあるようですが……。

深見　運勢は、本人の物の考え方や努力や精進によって変わるものです。そして自分の精神状態が変化する――良くなったり、悪くなったり――に応じて、人相も変わったりします。それと同じことなので、ホクロができたから悪くなる、消えたからどうなるということではなく、運が良くなったからホクロができる、運が悪くなったから消える……、――そういう順序と、結果になるわけです。

ですから、ホクロをとることの影響は、それ程深刻に心配することはありません。面白い例を紹介しますと、悪いところにホクロがあるということで、そのホクロをとってしまった人がいます。で、どうなったと思いますか？

ホクロは単なる象徴ですから、そんなに運勢が良くなるはずはないのですが、その人は「これで運が良くなる。絶対に幸運を呼ぶ」と信じこんでしまったのです。それで何事にも積極的になって、仕事もバリバリやりだした。もうあれよあれよという間に、やることなすことどんどん成功していったのです。

ホクロをとったことが、ひとつのきっかけになった、というわけです。

逆に、あまり気にしすぎて、かえって悪いものをひっぱりこんでしまうこともあります。あなたのように、ホクロの数が多いといって悩んだり、しょっちゅう気にしていたりすることは、絶対にマイナスになります。だから、そういう場合はホクロを思いきってとってしまった方が、かえってサッパリするでしょう。

それと、素人判断って恐いんですよ。たとえば目の下にあるのは泣きぼくろといって、よくないホクロと考えられていますが、吉の場合もあるんです。そういう微妙なことがありますので、人相の専門家にきちんと見てもらうようにしてほしいものです。

そして、もしとる時は、「運勢を良くする為にとるんだ。これで吉に向かって一直線だ！」というふうに開運効果を絶大に信じることが大切です。

Q20

運勢の良し悪しは生まれつき決まっているのか。

一人ひとりの運の良し悪しは生まれつき決まってしまっているものなので

しょうか。努力しだいで運はよくなりますか。

（大阪市　N・Kさん／19歳・男性）

【類似の質問】

よく「あの人は運がいい」とか「あの人は運が悪い」とか聞きます。個人の運が強いとか弱いとか決まっているとすると、運の弱い人はがんばるだけムダなような気がするのですが……。

（松山市　I・Sさん／31歳・女性）

深見

運の良し悪しは、生まれたときにほぼ決まってしまいます。ただし、七割から八割までは決まりますが、残りの二、三割に変化、改善する余地があるのです。

この部分がいい方向に磨かれて積み重なっていきますと、運勢を悪い方向へ引っ張っていく力を弱め、吉の方向へグイグイ引っ張っていくようになります。そして、その努力をするかしないかが、来世における運・不運のレベルを決定するのです。

そもそも、〝運〟とは何かというと、読んで字の如しで、運びです。運・不運というのは、「運ぶか、運ばざるか」。ならば、悪いものはできるだけ運ばないようにして、いいものをどんどん運んでくればいいわけです。

だから、目的に向かって一生懸命がんばることは決してムダではありません。ムダどころか、それによって弱い運が強い運に転化する原動力が生まれるのです。

また、運勢の良し悪し、盛運衰運を知るには、あなたもよくご存知の占星術や手相鑑定、姓名判断があります。これらを組み合わせてだいたいのところを推測できますが、運を決める根源は、徳の量であり、徳とは、自分を含めて人を幸せにして益することです。だから、自分の努力は人徳と考えて、徳の一つなのだと思ってください。

運を改善するための詳しいことは、私の著作『強運』（たちばな出版刊）を参考にしてください。

Q　自分の運勢が非常に弱いと判った場合でも、「いいもの」を運んでくれれば好転するのですね。強い運勢に変えるには、どうすればいいのでしょう。

深見　前述したことが基本ですが、その他に神霊によって、もたらされる運があります。神徳と言っていいでしょう。簡単に言うと、ポイントが三つあります。

―幸運を呼ぶ三ポイント―

まず第一に、祈り。例えば「自分はこう生きるんだ、こういうふうになるんだ！」という、いわば、〝魂の叫び〟を発することです。非常に強い発願《ほつがん》と言ってもいいでしょう。

その祈り、発願に対して本人が強いもの、素晴らしいものを持っていれば、神様や守護霊様、ご先祖様が、「そうか。よろしい、その発願にふさわしいだけの努力をすれば運んでやろう」といって、運が運ばれるというしくみです。

ですから、いい祈り、発願をたえず実行する。これを継続していくと、目に見えない世界からいい運びが沢山やってきます。

第二は、強運への想念を持つことです。自分で「私は運がいいのに違いない」と確信する。「いいことが起きるに違いない」と、いつもいい想いを抱くのです。いい想いとは、「すごく明るい」「前向き」「積極的」「楽天的」、そして「過去のことはくよくよしない」――この五種類の想いが、いい想念ですから、常に心がけていることが大切です。

また、前述の徳につながる最上の想いがあります。「皆に喜んでもらえますように」「皆がハッピーになりますように」「すごく有意義でありますように」という想いです。

そして、これらの祈りや想念が具体的にどういう形で幸運となって表われるかというと、それは人を媒介とするのです。これが**第三**のポイントとなります。

例えば、友達、家族、親戚とか、ちょっとした知り合いもそうです。それらの人から情報を得たり、耳よりな話を聞いたりします。それが神霊の与えるいい運のしっぽですから、それをのがさずにパッととらえること。すなわちチャンスをものにすることが大切です。

日頃、いい祈りといい想念を持っていると、人を通して出てくる言葉とか方向に対して、「人の言うことだからどうしようかな」と思っていたものが、「あ、これは神様や守護霊様が、日頃私が祈っている答えを出してくださったんだ」ととらえることができる。「人は運と宝物を運ぶ媒介なんだ」という気持ちでいれば、人を大切にし、人の話を注意深く聞くようになります。すると自然に「あ、これだ」というふうに運の端緒が直感で見えるようになり、数少ないチャンスでもしっかりつかむことができる。これが開運していく三つのポイントです。

この「いかに強い運を得るか」というビッグテーマについては、私の『強運』という本に、そのすべてが書いてあります。詳しくお知りになりたい方は、ぜひ、ご一読ください。

Q21

神霊的な力で災害から身を守る方法はないのか。

極度に過密した都市事情が問題になっていますが、もしここに大地震が襲ってきたら……と思うと、ゾッとします。神霊的な力で災害から身を守るような方法はないのでしょうか。

（横浜市　M・Sさん／25歳）

【類似の質問】

私は現在、地震工学研究室に所属する大学院生ですが、地震の資料がそろいはじめた一六〇〇年以降から調べてみると、大島の三原山が噴火して七年～九年後に大地震がおきる可能性が高いと思われます。ということは数年後のことになるのですが、現在の日本の都市の状態を考えると、想像もできないほどの災害になるのではと、恐ろしい気がします。

（取手市　T・Sさん／28歳）

深見

統計学的に見れば、日本において地震が、それもかなり大きなものがいつ起こってもおかしくない周期に入っています。可能性としては非常に高いわけです。

また、このところの世の中の動きから言っても、ご存じの通り世界の各地で戦争や内乱が起こったりして不穏な情勢があります。つまり世が乱れはじめている。このような時期には、地震、洪水、干ばつといった天変地異の起こる確率も極めて高くなります。人為的なものと、大自然の力によるものとが合わさって、世界、地球を混沌とした状態に揺れ動かしていくわけです。

これらは、言わば天の意思によるものですから、人間の力ではいかんともしがたい。甘んじてその混沌に身を置くしかないのです。かりに地震がくる時期が研究でわかったとしても、地震そのものは防げないでしょう。人間ができることは、その事態にどう対処するかということだけなのです。ここがいちばん大事な点です。

天変地異から、いかに身を守るか――言いかえれば、いかなるときにも冷静であってそれを乗り越えるか。その要諦は、ひとことで言えば、いかなるときにも冷静であって、天災が人災にならないような天来の智恵や運やタイミングのいい身のこなしができる守護を霊界からさずかるかということです。

「備えあれば憂いなし」と言われるように、日頃からの有形・無形の配慮や気の持ち方で、被害はまったく違ってくるものです。

Q そこで先生におうかがいしたいのですが、よく乗り遅れた飛行機が事故を起こしたとか、運がよくて助かるケースがあります。そのように神霊的な力によって身を守る、あるいは被害を少なくするということはできるのでしょうか？

深見 できます。地震を避けることはできなくとも、その危険を避けることはできます。それが表面的には〝運の良し悪し〟とされているわけです。

飛行機に乗り遅れて、かえって難を避けるという場合もそうですし、たとえ目の前に地割れができても、上から大きいものが落ちてきても、危機一髪でそれを逃れてなんともなかったりする。

逆に運の悪い人は、家の中にいればよかったものを表に飛びだしてケガをしたりする。これはやはり、ふだんの心がけもさることながら、信心や精進によって、強運を引っ張ってきているかどうかの差が表われる。大きな災害になるほど、この差は顕著になってきます。

しかし、明日にも大地震が起こるかもしれないわけですから、日頃の修養、精神の鍛練が大事と言っても心配でしょう。そこで災害から身を守るためのいい方法をお教えします。

突然、地震などが起こって、「あっ、大変だ！」と思ったときには、

「ハルチ、ウムチ、ツヅチ」

と唱え、「自分には何の禍もないのだ」と確信することです。

するると冷静な判断ができて、その結果自分の持っている力のベストが出せます。「危ない！」と思う瞬間に、「こうすればいいんだ」というヒラメキが必ず出る。そしてさらに強運が働きますから、物が落ちてきても横に落ちて助かったり、地割れがする道を無事に車で通りぬけられたりするのです。

これをよく覚えておいて、そのうえで日頃から、強運を呼ぶ修業を積んでほしいと思います。それには、私の著作の『強運』（ＴＴＪ・たちばな出版刊）で詳説しておきましたから、それを参照してください。

Q22

人の運勢にも、良い時と悪い時のサイクルがあるのか。

「歴史は繰り返す」などと言われるように、人の運勢にも運がいい時→悪い時→いい時……というサイクルがあるのでしょうか。

（甲府市　A・Sさん／36歳・会社員）

【類似の質問】

経済の変動などを見ても、たとえば株価があるところまで上昇すると、次は下降に転じ、しばらくするとまた上がり始めるということがあります。人間にもバイオリズムがあり、会社や国家も盛衰を繰り返しています。つまり上昇・下降のサイクルにしたがっているように思われるのですが、神霊学的にはどう考えられているのでしょうか。

（横須賀市　F・Tさん／52歳・自由業）

深見

おっしゃる通り、たしかにこの宇宙にはある意味で循環的な法則が働いていています。政治しかり、経済しかりで、そもそも人間の生そのものが、生まれて、死んで、また生まれ変わって……という輪廻転生を繰り返しています。

人間の運勢をとっても、短いサイクルでの上昇・下降や中期的なサイクル、長

期的なサイクルの上昇・下降などが組み合わさって、一日一日が形成されている
わけです。

もともと東洋ではこの考え方が色濃く、たとえば暦などでも、西暦では直線的に年数を加算していきますが、東洋では十干十二支の組合わせの年号を使ったりして循環的に数えていきました。「還暦」といって六十一年をひと区切りにしているのはその表われです。

中国の『易経』でも、森羅万象のことは陰陽の組合わせから割り出すことができ、すべて六十四の循環パターンにあてはめられるとしています。

神霊学的に見ても、前世↓今世↓来世の輪廻は、すなわち生のサイクルであり、そこに一定のリズムが生成することは疑いありません。そこで重要なことは、それらのサイクルパターン、バイオリズムをどう見るか、どうとらえるかということなのです。

Q　運のいい時期、悪い時期をいかに見分けるかということでしょうか。

深見　むろんそれもありますが、より根本的には、そのサイクルは何のためのものなのかという問題です。つまり、一周して完全に元に戻るのか、それとも別の展開になっているのか。答えを先に言うと、サイクルはあっても、決して元の最初にあった状態に戻ってくるのではないということです。

花が咲いて、命が尽きれば枯れますが、一年経って春がめぐってくれば、また新しい芽が出てきます。この新しい芽が出るということは、一見同じことの繰り返しのようですが、実はそうではない。前の年の花とはどこか違っているのです。色がやや濃くなったとか、ちょっとだけ寒さに強くなった等の変化があるのです。突然変異で新種が出てきたりすることもあります。それが進化の歴史です。

それは、本当に目に見えないぐらいの小さな変化ではあるけれども、花が、確実に進歩していることを示しているわけです。

人類の歴史も、繰り返しのようではあっても、やはり進歩・発展の道を歩んできているでしょう。それを逆から考えるとよくわかるはずです。一度咲いた花は、枯れなければ新しい芽をつくらない。人間は、死んで生まれ変わらなければ、真に進んだ存在とはなりえないということです。

滅亡も衰退も、ゼロに帰するのではなく、新しいものを生みだすための一時的な清算に過ぎません。新たな〝進歩〟を導くための、いわば枯れであり、次へのステップのための学習なのです。サイクルというものは、こう考えなくては、萬物創造の神の御心に合わないのです。

ということは、一時的にひどく運が悪くなっても、それはよりよい運を呼ぶために、内的な反省を促すための通過点と考えるべきです。落ちこんだ時は、新たな上昇のステップのために、足をかがめている時だと考えればいい。

単純なサイクル観にとらわれて、衰退することを恐れてしまっては、何事も成しえません。枯れることを恐れずに、前向きに、積極的に自己を発展させるチャレンジをしていただきたいと思います。

第3章

「仕事」・「家族」・「人間関係」について

Q23

部下に厳しい上司にどう対処したらいいのか。

うちの課長は、上役にはニコニコ、ペコペコ、女子社員にはニヤニヤ、ベタベタ。そのくせ、部下のぼくにはガミガミ、ネチネチといいところなし。ぼくのほうは仕事をどっさり押しつけられて、毎日クタクタです。なんでこんな課長につかえなければいけないんだ。もう会社を辞めたい！

（大阪市　S・Tさん／25歳）

【類似の質問】

部下をイジメるのを生きがいにしてるようなどうしようもない上司がいて、もう会社に行くのもウンザリ。でも会社自体は働きがいのあるいい職場なので、ガマンしてこのまま勤めるか、いっそのこと辞めようかと迷っています。

（米子市　S・Fさん／28歳）

深見

課長がひどい奴、とのことですが、では、神様仏様みたいな課長だったらいいのでしょうか。ミスを叱りもせず、逆にかばってくれるような上司は、下にいる者にとってはたしかに楽です。

しかし、五年、十年経ったらどうですか。今度はあなたが部下を指揮する立場になります。たぶん、マニュアル通りの管理はできても、突発事態に出合うと行き詰まってしまうはずです。臨機応変、迅速適切な問題処理ができない。なぜならば、「経験」というものが決定的に不足しているからです。

一歩会社の外に出れば、それこそ生き馬の目を抜くようなビジネスの世界ですから、人の足を引っ張ろうとする人間もいれば、イジメ、イビリを楽しみにしているような人々も大勢います。そうした人々と互角にわたり合って、自分の仕事をまっとうしていくにも、人づきあいの経験とノウハウがものを言うのです。

部下にガンガン仕事をさせて自分が楽をしようなんていうのは、考えようによってはありがたいことです。というのは、人間の素晴らしい点は学習能力が非常に優れているところで、どんなに大変な仕事も、やればやるほど慣れて、上手になっていく。よく「修羅場をくぐる」とか、「場数を踏む」と言いますが、会社組織においては〝経験を積む〟は、〝仕事ができるようになる〟と同義。だから、どっさり仕事を与えられたら、それだけチャンスをもらったのだと思えばいいし、ガミガミ、ネチネチも、自分を伸ばすために指導してくれているのだと思い、表現方法はその人の言い方、クセだと思って気にせず、その内容だけを理解する努力をするのです。

「いやだけどガマンをする」のではなくて、積極的にその上司の良きも悪しきも理解し、さらにその上司の技の見切りをするのです。即ち、「ここを押えれば喜ぶ、ここを刺激すれば怒る、こういう言い方とアプローチをすればスンナリと納得する」というツボ所を体得するわけです。

一般的に言って会社において「仏の◯◯さん」と言われる人は出世していない人が多い。逆に「鬼の◯◯」とか「◯◯天皇」などと言われる人の方がやり手であり実力があり、出世している場合が多い。そういう人は自分に自信を持っているから、概してワガママでワンマンであり小さなことでも見逃すことなく、厳しい処断をするものです。こういう人にかわいがられるようになると、実力がつく上に出世も早い。そして、そういう上司は自分でも自分がやり難い人間で、部下は大変だということをある程度解ってて、どこかに孤独を感じているものです。

だから他の部下と比べて自分に好意を寄せている風に見えたり、自分のやり方によく耐えているなと思える部下には、「仏の○○」より、何倍もその部下をひいきにするのです。周囲の人や他の上司も、それを知っていて、「あのやり難い○○さんの元で、よく耐えて明るく頑張っているな。彼はなかなか辛抱強くて立派だね」と評価されているはずです。

オニ部長も、ヘビ次長も、キツネ課長も、みんなぼくを鍛えてくれている、ぼくがもっと仕事ができるようになればいいと手助けをしてくれているんだと考え、自分の今の苦労は、「天知る、地知る、人が知る。そして、我が守護霊も知っている」と思えば立った腹もおさまるし、実際、あなたの能力はぐんぐん伸びていきます。

若い時にモマれたという経験は、いいかたちで身につきますし、必ず後になって役立ちます。サラリーマンにとって、経験はすなわち財産。逆に、職場がつらいと言って逃げていたら、いつまで経っても同じことなのです。

ホトケのような上司に気に入られ、手取り足取り仕事を教えてもらうのも、悪いことではありませんが、どうしても能力伸長のスピードは遅くなります。「ぼくはホドホドでいいよ」と、あくせくしないで勤めて、その上司の出世に従ってあなたも上に引っ張ってもらえれば、それでよし。問題はそんなに順調にことが運ばない場合で、むしろ、会社という組織はそんなに甘くないと思っていて間違いありません。管理職適齢期を迎えて、まだ管理能力が備わっていなかったらどうか。十中八九、苦い汁をなめることになるはず。

だからこそ、どんな上司の下でも、どんな無理難題でも、現在の条件の中でなんとかやり遂げようとする気持ち、その困難を自分の成長の糧にするんだという気持ちが、会社人としての才能であり、サラリーマン生活を続けていく上で最も大切なことなのです。

感情的なことや細かいことは、腹の中にドンと呑みこんで、サラリーマンの給料とは叱られて○○円、ボーナスとは汗一ccあたり○○円、昇進は耐えてするゴマの量○○g単位で天が計算し、自分に与えてくれるものというふうに意識的に自分を大きくしていれば、そのうちに本当に瑣末《さまつ》なことがらにはこだわらなくなります。

上司からの叱責や注意も素直に耳に入ってきて、「あ、自分の配慮が足りなかった」「もう少していねいに説明しておけばよかった」とまず己れを省みるようになり、何事も包み込むような度量と包容力が備わってきます。大きな心と長期的展望でがんばってください。

Q24

職場の同僚のゴマすりがたまらなくいやだ。

たいして能力もない同僚が、ひたすら上司におべっかを使い、出世街道を走っています。それに引きかえ、是非を明確にしないと気のすまない私は、上司から評価されません。こんな会社は辞めてしまおうと思いつつ、悶々と日々を送っています。

（新潟県長岡市　K・Aさん／31歳）

【類似の質問】

課内でゴルフブームが起きています。私はゴルフが好きではないため、ブームに背を向けていたところ、仕事の面でも取り残された形になってしまいました。どうやらゴルフをしながら、仕事の話が行われているようです。遊び仲間に入らなければ無視されるというのは、おかしいと思いますが。

（福岡県北九州市　T・Mさん／30歳）

深見

野球界のドン・故川上哲治氏は、かつてこう述べたそうです。

「尻尾を振る犬はかわいいものだ」

Ｋ・Ａさんの筋を通す生き方も立派ですが、現実世界では、このような人は嫌われます。

もしＫ・Ａさんがブルーカラーであるならば、かえってそういう性質の方が優秀な技術や職能を身に付けることができるでしょう。そして、経営者はその性質と技能を理解して、ある程度はそういう分野で昇進させるはずです。しかし、ホワイトカラーなら別です。会社人としての実力とは、上、同、下との対人関係における表現力であり、咀嚼《そしゃく》力《りょく》であると言って過言ではありません。特に営業、販売、広告、渉外などという分野では、誠心誠意ゴマすりを行なうのが仕事と言えます。

仕入や資材や経理部門なら、まだそれほどゴマすり力は必要ないでしょう。しかし、会社が人間関係によって成り立っている限り、多かれ少かれ、ゴマすり的要素を抜きにしては仕事はできません。これはどんな会社に行っても同じことです。しかし、Ｋ・Ａさんの思い込みの内で、「ゴマすりは良くないことだ」という観念と誤解がある限り、どんな会社に移ってもだめでしょう。「ゴマすり」とは決して悪ではありません。「人の情を気持ち良くさせる社会的表現力」であり、社外及び社内における営業力なのです。

ただ問題となるのは、目上にだけ偏ったゴマすりです。同僚や目下が不愉快な思いをするからです。目上にも、同僚にも、目下にも、まんべんなくゴマすりができて、しかもそれが持続するのが本物の善なるゴマすりです。そういう人は、皆から愛されて必ず出世します。

それにしても、K・Aさんは、ゴマをする人の苦労や大変さをご存知ないようです。ゴマをするとは大変ストレスのたまる行いであるために、相手のワガママを是認した上で、それを和《なご》ませる集中と話術と礼節の要る行為なのです。

本当に忍耐と根気の要る下座《げざ》行《ぎょう》です。

私は、「ホワイトカラーのサラリーマンでありながら、ゴマも一人前にすれない人は、傲慢であり、プライドが高く、社会的表現力や人の気持ちを解する感性とか文学性が欠如している人であり、対人関係に難がある人である」と信じています。

だから、ゴマも一人前にすれない人が、ゴマすり人間の苦労や努力も知らず、それを批判するのは言語道断だと思っています。単にそれはその人の出世をねたむ嫉妬だと思うのです。

あなたも、その人以上に上司にゴマをすり、さらに誠意を増して同僚や目下にもゴマをすりまくって大いに出世したらどうですか。

その上で、物の是非を明確にするあなた本来の性質を発揮すれば、立派な経営者になれるでしょう。

T・Mさんのゴルフ嫌いは、おそらく「食わず嫌い」と同じだと思いますから、一度やってみてはいかがですか。やってみて、反吐《へど》を吐きそうに嫌いだというなら別ですが、結構楽しいものです。一人だけ疎外感を味わうのがたまらないというなら、自分から参加すればいいではありませんか。それが積極的な生き方というものです。

Q25

上司の欠点、恋人の欠点が目について、どうしても好きになれないのですが……。

五年前に大学を卒業。就職しましたが、その後三回職場を変え、今も転職しようかどうかと迷っています。原因はいずれも上司との軋轢《あつれき》です。バカな上司、尊敬できない上司、生理的に嫌悪感を覚える上司にばかり当たってしまったためです。よい上司に恵まれるにはどうすればいいのでしょうか。

（埼玉県さいたま市　Ａ・Ｎさん／28歳・会社員）

【類似の質問】

何回か交際しましたが、これといった男性がみつかりません。三高を望んでいるわけではないのですが、付き合っているうちに、相手の欠陥が鼻につき、結婚に踏み切れないのです。

（福岡県北九州市　Ｒ・Ｔさん／24歳・ＯＬ）

A・NさんもR・Tさんも、一度じっくり鏡を見てほしいと思います。鏡なんて毎日見ているとおっしゃるかもしれませんが、単に自分の姿を見るのではありません。自分の心を映し出すつもりで見つめてほしいのです。人は他人に対して、常にシビアな目で観察するくせに、自分自身の観察は怠りがちです。あなた方が、他人の欠点を見抜けるということは、相手もあなたの欠点を知っているということでもあるのです。

深見

A・Nさん。あなたが上司を嫌えば、上司もそんなあなたを嫌います。人間の心は、あたかも鏡のようなものだからです。相手に欠点があれば、自分にもあるだろうと考え、自らの欠点を知ることに努めてください。と言って、欠点を直せというのではありません。欠点も美点も合わせて人間の感性なのであり、それを認め合うことが人間関係を創る第一歩なのです。常に自分に正義があるとし、相手の非を打ち鳴らす間は上司に恵まれることはないでしょう。人の縁とは、自分に内在するものの要素によって結ばれたり、変化するものだからです。

R・Tさん。「アバタもエクボ」と言いますが、人を愛するということは、アバタをエクボと錯覚することではなく、「アバタもあればエクボもある」と認めることなのです。

第一、一点のスキもない完璧な人物（なんて存在しませんが）と付き合って心が安まりますか。鏡に己の心を映し、己を知り、そこからスタートしてください。ちなみに、わが皇室には三種の神器が祀られていますが、その一つが八咫鏡《やたのかがみ》であるのはなぜなのか、考えてみてほしいと思います。天照大御神を表わすと言われていますが、一説には自霊拝《じれいはい》と言って、鏡に己を映して天皇が自己の研鑽に励んだとも言われています。また、最初は六角形の鏡、次に八角形の鏡、最後に円形の真澄の鏡というふうに、自己研鑽のレベルに合わせて鏡を変えたとも言われています。

いずれにしても、己を知り、内を修めることによって、古代の天皇が民族の長としての徳を磨いたことは、良き人の縁を呼び、どんな人とでも円満にやっていける和魂《にぎみたま》の徳を磨くための、良き対人法になると思います。

Q26

ギャンブルをやめたいのだが。

競馬、競輪からパチンコまで、お金があるとギャンブルに使ってしまいます。もうかることもありますが、トータルではかなりの金額を使い果たしてしまいました。結婚もできないので、何度もやめようと思いましたが、いつも誘惑に負けてギャンブル漬けの日々に戻っています。
絶対にやめられるような方法があればお教えください。

（船橋市　匿名・男性）

深見

街中にギャンブルの誘惑がありますので、ついつい……という気持ちはわからなくもないですが、あなた自身もすでにご承知のように、賭けごとで「もうかる」ことはありえませんから、その分貯金でもして気立てのいいお嬢さんと結婚した方が幸せであることは、あらためて言うまでもありません。

やめたいけれどやめられない、誘惑・欲望に負けてしまう――この原因は人によってさまざま、複雑な要素がからみ合っていることがありますが、根本は意志・信念の弱さです。しかし、それは、わかっちゃいるけどやめられない、というのが本音でしょう。

誘惑に勝つ意志力の始まりは、まず、孔子の言にある「非礼視る勿《なか》れ、非礼聞く勿れ、非礼言う勿れ、非礼動く勿れ」の「四勿主義《よんこつ》」から始めるのが一番です。つまり、ギャンブルの誘惑をそそる新聞の箇所やテレビや雑誌等を見たり、聞いたりしないこと、口にしないこと、そして、心を動かさないこと。とすすみ、自分の意志力が確固たるものになるまで、その始めの糸口を大切にする工夫をするのです。

さらにウルトラの方法を教えましょう。まず自分で「一度決めたことは守るんだ」という強い気持ちを持って自分に何度も言って聞かせる習慣をつけてくださ

い。そして、どうしてもくじけそうになった時は、

「ノーマク、サーマンダ、バーザラダンカン」

と声に出して唱えるのです。

これは不動明王の真言といって、信念を不動にするおまじないと考えてもいいです。「明日競馬に行きたいな」と思ったら、これを十回、二十回と唱える。友達から麻雀の誘いの電話がかかってきたら、受話器を覆って、「もう麻雀はしないんだ。ノーマク、サーマンダ、バーザラダンカン」と唱える。これで気持ちが揺らがなくなり、きっぱり断ることができます。

ギャンブルに遠ざかると、ふだんは気にもしなくなりますが、ある時突然ものすごい誘惑が襲ってきます。たいていの人はここで負けてしまうので、いつも真言を忘れずにいること。それで二、三年がまんできればもう大丈夫です。

その一方で、ほかに何か打ち込めるものを見つける。オーディオでもパソコン

でも、「ギャンブルで負けるくらいなら、こっちにお金を使おう」となればいい。結婚するにしても貯金がなくては話になりませんから、一年間で五十万円貯めるとか、百万円貯めるという具体的な目標を立てて努力する。

誓いを守らない時は地獄に落ちる、神様に罰をもらうという祈願の方法はありませんが、大きな意味で言えば、ギャンブル漬けの日々そのものがすでに地獄のようなもの。自分の生活や将来を真剣に考えて、自分の人生のため、幸福のために信念を貫くのだという気持ちを心がけてください。

Q27

新しい家でご近所付き合いがうまくできるか心配。

秋に結婚予定ですが、新しい家でご近所の方とうまく付き合えるかと心配です。もともと人見知りするたちでもありますが、近所の人と仲良くしなければと思う反面、何かトラブルでも起きたらいやだという気持ちがあり、いまひとつ社交的になれないのです。

（東京都多摩市　T・Sさん／女性）

深見

第一にわかってほしいことは、近所付き合いでも友達付き合いでも、多かれ少なかれトラブルは起こるもの。トラブルのない人生はないのです。ただ、一度おきたトラブルを二度繰り返さないために、トラブルの原因をよくつきとめることです。原因が相手にあるのなら、あまり気にしない努力、相手の誘いに乗らない努力、言葉で丁寧に逃げる努力が必要ですし、原因が自分にあるのなら、ほとんどが礼と距離を置いた付き合い方を工夫すれば解決されるはずです。

これが人付き合いの人付き合いたるゆえんです。だから、先のことはあまり深刻に考え込まないで、トラブルが起こったら、その時その時で対処すればいいだけのこと。こういう心配をする人は世の中に意外と多くて、何に対しても一歩引いた不安と消極のスタンスをとっています。実はその姿勢こそ、トラブルを自ら招き寄せたり、大きくしたりする要因なのです。

ご心配の一つには、習慣やしきたりをよく知らないからということもあるのでしょうが、それも近所付き合いの中で一つ一つ覚えていけばいいのです。わからないことは素直に礼をもって教えを乞えば、「若いのだから知らなくて当たり前、ちゃんと聞いてくるなんて感心だわ」と、親切にしてくれるはずです。

要は何でも良い方に考えて、解決に積極的になること。せっかくの幸せな新婚生活ですから、もっともっと楽しくして、幸せをまわりの人にも分けてあげなくてはいけません。あなたのためにも、新しいご近所のためにもなるよき近所付き合いの三原則をお教えしましょう。

―近所付き合いの三原則―

第一は「明るい挨拶」。最初はこれがいちばん肝心です。顔を合わせたら自分のほうから「おはようございます」「こんばんは」と声をかける。この挨拶を明るく元気にしていると、どちらからともなく「今日のおかずは何にするの」などとだんだん話がはずんでいくものです。相手が気がつきそうもないから、挨拶しなくてもいいだろうというのは絶対にダメですよ。いつでも自分から声をかけるように心がけてください。

第二は「温かい言葉」。「お庭のバラがきれいですね」とか「息子さんのご入学おめでとう」などと、人の幸せ、努力、成功を知ったら必ずそれを祝ってあげる、人の喜びを、自分もともに喜ぶのです。これを言われて不愉快になる人は絶対にいませんし、反対にあなたに赤ちゃんが産まれたりすれば、ご近所の人々は本当に喜んでくれるでしょう。

第三は「何でもおすそわけ」。実家から送ってきた特産物、旅行先で買った土地の名産品などを、少しずつでもいいから近所の人におすそわけする。こんなところから付き合いが広がり、深まっていくもの。何事も、いいこと、いいものをみんなで分かちあうという心と、その徹底したまめさが大事なのです。

Q28

学校に行きたがらない子供にどう対処したらいいのか。

娘のことで悩んでいます。私が中年になって授かった子なので大変可愛がっているのですが、小学校に上がって一カ月ほどで学校へ行きたがらなくなり、口数も少なくなってきました。勉強が嫌いというわけでもなく、妻も「原因がわからない」と言うので、思案に暮れています。

（厚木市　H・Sさん／会社員）

【類似の質問】

小学3年生の息子が、最近一人でぼーっとしていることが多くなりました。もともとおとなしい子で、一人遊びが好きですが、暗い部屋で虚脱状態になっているような具合で、とても心配です。

（長野市　K・Mさん／主婦）

深見

この頃「登校拒否」だとか「自閉症」だとか、子供さんたちのあいだに精神的な問題が増えているということをよく耳にしますので、私も心配に思っています。やはり、うわべだけの豊かさや経済効率優先の生活が、目に見えないかたちで健全な成長を蝕んでいることも事実で、見過ごすことができないと思います。ただ、だからといって、社会全体をいっぺんに改革することはとうていできませんし、それればかりがあなたのお子さんに悪影響を及ぼしているとは限りません。周りを見渡していただければおわかりのように、健やかに育っておられる子供さん方も大勢いらっしゃるわけです。

では、あなたのお子さんと、近所の明るく元気なお子さんたちとは、どこが違ってしまったのか。それを考えていただくことが、解決の第一歩です。生活環境や食事環境、あるいはしつけや、ほめ方叱り方の違いもあるでしょう。が、まず第一の原因は、乳幼児の頃から可愛がり過ぎて、親離れの時期が遅すぎたということが言えます。母親の側にいつも一緒に居すぎたために、他の子供とのコミュニケーションが上手く行かないのです。そして、なんでもお母さんがやってあげるので、自主自立の精神を養成する教育要素が足りなかったために自分でなんでもやれる自信がないのです。

それを解決するためには、まず、ふとんの上げ降ろしや、ベッドメーキングを自分でやらせること、おもちゃや勉強道具など出したものは必ず自分でかたづけさせること。皿洗いや食卓のかたづけなども、どんどんやらせるべきです。子供の生活への適応というのは、全て体で覚えてゆくものなのです。

そして、もし言うことを聞かないときは、なぜ、それが良くないかということをよくお話しした上で、バシバシたたいて体罰を与えることです。いきなりたたくのは、子供も意味がわからずやられるので反抗するし、意気も沈滞します。逆に平和主義のお話をするだけでは、わがままが直りませんからだめです。

そして、それらのことは全て母親としての愛のムチであり、もっと子供が小さいしつけの時期にしっかりと母親がやらなければならなかったことであるはずです。やはり、しつけは親がして、教育は他人がするというのは箴言《しんげん》です。今からでも決して遅くありませんから、親としての大きくて深い愛を、丁寧で焦ることなく厳しく厳しくしつけることで表現してください。特に母親が関与して子供が言うことを聞く時期は、中3から高1ぐらいまでです。高校受験まではお父様も気を抜かないで奥様とともに教育機会を活かしてください。

その他、こういう子供の場合には、複数の水子霊が障っている場合も多いのです。お子さんに何かをしてあげる時、

「アーマーテーラースーオーオーミーカーミー」

を、十一回連続を一クールとして唱えるといいでしょう。

これは子供の健やかな成長を司る〈太陽神界〉に波長を合わせるパワーコールで、お子さんがもともと持っている運勢の強い部分を引き出してくれます。気持ちを集中し、口に出して何回も唱えるとより効果があります。ぜひ実践されることをおすすめします。

Q29

背が低いのがいやだ。

ぼくは背が低いことがいやで、気になってしょうがないのです。友達と話していても「チビのくせに」などと言われるのではないかと、つい引っ込み思案になってしまいます。そろそろ成長期も終わる年齢なので焦っています。神霊的に背を伸ばす方法があれば教えてください。

（名古屋市　S・Sさん／学生）

深見

背が低いというコンプレックスを持つ人はけっこういますが、実際に身長を聞いてみると、それほどでもない場合が多い。つまり、気持ちが萎縮していることで、余計に小さくなっている。スポーツ選手を別にすれば、身長のあるなしは人間の値打ちをなんら左右するものではないということを、まずわかってほしいと思います。

神霊的にとのことですが、たしかに修行等で身体を大きくする方法もないではありません。しかしその場合、やはり大きな要素となるのは気持ちの持ち方であって、「女のコにもてたい」「他の男にうらやましがられたい」という妄執からくる動機では、残念ながら君の期待に添う結果は得られないでしょう。

そもそも背が低いとか鼻が低いとかは、自分の努力を超えた次元のことで、言ってみれば宿命の一つです。私は「背が低い」というコンプレックスを持つ人の前世を鑑定したことが何度もありますが、だいたいが前世において人を見下していた人が多いのです。ですから今世では人に見下されるという報いでもある。これらの宿命的ハンデというものは、変えるのではなく、超えるしかないわけです。精神的に乗り超えねばならない。

こうした相談を受けると私はいつも、

「背の低い人の方が大胆で、そのコンプレックスをはね返そうと思って人の何倍も頑張るから、かえって大出世をしている政財界、芸能界の人も多いですよ」

また、

「私も昔は一般の人より随分背が低かったのですが、背の高い人間との身長の誤差は、地球の上にお互い立っているのですから、地球の直径プラス私の身長と、地球の直径プラス背の高い人間との身長誤差というふうに考えてみると、限りなくゼロに近い。それで気にしなくなりました。そう思っていたら、大学に入った後から約10㎝程身長が伸びたのです。後から考えたら、私はただ晩熟成の体質だっただけだったのでしょう。しかし、背が低い時に得た『常に、地球の直径や銀河系の大きさから自分の身長や体重を考える』という習慣は、チビやデブと言われる人にとっては、尺度の変換という、悟りのコツの一つになるものでしょう」

と、答えることにしています。

背が低いのはもうしかたがない。問題は、だからどうなのか、です。いつもコンプレックスを抱きながら、人前に出ないようにしてウジウジと一生を送るのか。

あるいは、それをバネにして身長よりも自分の可能性を伸ばし、堂々と、積極的に人生を生きるのか――言うまでもなく、答えは後者しかありえません。

気宇壮大という言葉がありますが、心の豊かさ、志の高さほど人を大きく見せるものはありません。目を大きく開いて、スケールの大きい世界に身をおいてほしいと思います。

Q30

キャリアウーマンの生活を続けてきたが、むなしさ、不安を感じてしまう。

外資系の商社に勤めて、もう10年近くになります。仕事が面白くて夢中で突っ走り、気がつくと、これといって趣味もなく、恋人もできないまま30代も後半になってしまいました。会社では役職にもつき、上役の信頼も得ていますが、若い社員からは敬遠され、時には嫌われているのではないかとさえ感じることもあります。最近はそうした日常をむなしく思うこともあり、不安定な精神状態です。

（東京都杉並区　K・Rさん）

【類似の質問】

短大を出て就職して以来、25年間同じ会社に勤めています。OLとはいえ、専門的な分野の仕事なので給料も高く、重宝がられるままに年月がたちました。でも、このあとも同じ生活が続き、それで一生が終わってしまうかと思うと、なんてつまらない人生なのだろうと考えるのです。夜眠れない日など、自殺を考えたりすることもあり、自分が心配です。

（東京都渋谷区　G・Yさん）

深見

当節でこそ「キャリアウーマン」などとカッコよく呼ばれたりしますが、仕事一筋に生きる女性は昔から大勢いたわけです。世の中の役に立ちたい、自分の力を試してみたい……単に「独身だから自分で働く」という人も当然いました。ただ、そういう意志を持った女性は、数として少なかっただけのことです。それが女性の就職の機会も増え、実際に仕事一筋に生きる女性も増えてきたので、また悩める人も増えてきたということでしょう。

私は、何の仕事をするのでも、男女の区別はないと考えていますから、こうした悩みも男女に共通していると思っています。さらに言うと、これは大人のハシカみたいなものですから、あまり深刻に考えないほうがいい。何か一つのことをまっしぐらにやってきた人が、40代50代になると、いっぺんは考えることです。仕事仕事、会社会社で無我夢中で働いてきたけれども、ある日、ふと立ち止まってみると、心の中に空洞があき、風が吹いている……これは男性でも女性でも、会社人間でも主婦でも、みんな似たようなことを感じます。「これで良かったんだろうか」と。

これは精神の不安定どころか、ある意味ではバランスを良好に保っている証拠なのです。しかし、どうしてもマイナス側に向かう考え・思考ですから、暗くならざるをえない。頭に浮かぶのは、いままで自分は間違っていたのではないか、将来は大丈夫なのだろうか、などということばかりで、楽しかった思い出、自分の蓄積などはまず出てこないのです。もう最初っから「暗く」なろうと思っている。ここでブレーキがきかないままに、深刻になりすぎると少々危険なわけです。

解消法としていちばんいいのは、高級ホテルに泊まってご馳走を食べたり、アクセサリーを買ったりして気晴らしをすることですが、今回の相談者のようにやや深刻になり過ぎてしまったならば、その前に次の方法を試してみてください。

まず、ただ不安がっているだけでなく、いままでの自分の人生を綿密に、かつ真剣に振り返ってみてください。現在までの選択は、本当に後悔につぐ後悔の連続だったのか。素晴らしく幸せなことがあったからこそ、ここまで来たのではなかったかと思うこと。具体的には、良き想い出を順番に回想してみることです。

第二に、ほかに生きる道があったとしたらそれは何だったのか。特に、ごく普通に結婚して子供を生み、家庭生活だけで生きている女性と会って話してみることです。

そうすると、逆に相手の方があなたをうらやましがって「夫と子供と姑に縛られて、自分のやりたいことが何もできない。一人で海外旅行に行くこともできず、自分の洋服や遊びに費やすお金もままならぬまま、子育てに追われ、ようやく子供が大きくなった頃に夫は浮気するし、定年がくる。また、せっかく苦労して育てた子供も、自分一人で大きくなったように思って両親の面倒をみようとはしない。子供が結婚すればやっかい者扱い。いったい、私の人生はなんだったのかしら。今度生まれ変わってきたら、あなたのように、自分一人で生きて、好きなように自分の仕事をもって生きたいわ」と言うでしょう。

特に夫婦仲の悪い人は、毎日が不自由な上に地獄のような思いの日々でしょう。「有れば有る悩み、無ければ無い悩み」があるのが人生なのです。また、「人生何事かを為さば悔恨あり、何事も為さざれば、これもまた悔恨」という言葉がありますが、自分の生きる道の反対の道に生きている人が、決して幸せとはなっていないケースを多く見れば、あなたの今の幸せを実感し、感謝して「私の人生はこれでよかったのだ」と思えるはずです。

この二つをじっくりつきつめると、自分の選択は正しかったのだということが見えてくるはずです。いや、過ぎ去った人生の時は帰ってこないから、なにがなんでも絶対にそう信じて、未来へのイメージをバラ色にするしか善き道はないのです。

ですからアドバイスとしては、これを機会に少し肩の力を抜いて、仕事に向かってみるといいでしょう。特にK・Rさんは、おそらく「他人に負けまい」という気持ちで、いわば心にヨロイをまとって生きてきたところがあるのでは。G・Yさんのほうも「ミスをしない、させない、許さない」という面がありませんか。お二人とも、日常の振る舞いに少し余裕を持てば、考え方の幅もぐんと広がってくると思います。

そういう自然体で圧倒的に明るい人生観の女性には、何才になっても縁談は来るし、恋愛のチャンスや可能性も、限りなく大きく広がるものなのです。

Q31

嫁姑の対立は同居家族の宿命？　折れるべきか、別居するべきか。

結婚して1年半になります。最初から夫の家で、夫の両親と一緒に暮らしているのですが、義母はことあるごとに私に辛くあたります。それこそハシの上げ下ろしまで、些細なことでも嫌味や皮肉を言われるのです。両親の家に住んでいるので、夫もあまり私をかばってくれません。やはり、別居して暮らしたほうがいいのでしょうか。

（神奈川県鎌倉市　主婦／31歳）

【類似の質問】

妻と一人の男の子がいますが、種々の事情があって私の母の家に同居しています。ところが母と妻の折り合いが悪く、両方からグチや泣き言を聞かされます。仲良くさせる方法をお教えください。

（埼玉県さいたま市　K・Jさん／38歳）

最近は一般的に、結婚すると男性も女性も家を出て新所帯を構えるケースがほとんどで、「嫁姑の確執」もだんだん少なくなっていました。それが近頃では、大都市圏の住宅事情の悪さと、高齢化社会ということで、二世帯同居などのかたちで、親の家に子供夫婦が一緒に住むケースが再び増えてきました。

深見

世代も育った環境も違う大人が、年中顔を突き合わせているのですから、摩擦も起きて当然。それを明るくカラッと済ませられればいいのですが、陰湿になってしまうところに問題があります。男性の調停力が低下していることも否定できません。

最近では、特に女性が自立意識を高めていて、思ったことをズバズバ言うため、家族という関係であっても「対立」の構図で表面化する場合が多いのです。嫁にしても姑にしても、真の意味で「自立」しているかどうかは別にして、個人意識が強い人ほど「自分こそ正当、間違っているのは相手」と決め付け、その度合も強いわけです。

嫁と姑が折り合わないと言っても、その表面的な原因を聞いたら、はたの人は「そんなことで！　くだらない」と、きっと笑うはずです。では何がそうさせるのかと言えば、昔は主に家庭内の主導権争いだったのですが、昨今は、個人としての生き方・考え方――ライフスタイルにまで及んでいるのが特徴です。

始末におえないのは、根っこのところは高尚でも、それがほんの細かな部分にまで主張されることです。それこそスリッパの柄にまで自分の好みが反映されないと気が済まない。これはすべて、「相手が嫌い」という気持ちから出ているからなのです。

だから、仲良くするには、その気持ちを取り払うことから始めなくてはなりません。別居をすれば確かに争いはなくなるでしょうが、お義母さんを嫌う気持ちはなくなりません。いつまでもシコリのように残って、やがてそれが、本当に大事な場面で噴出してくるでしょう。お義母さんとのわだかまりが解けてからの別居であれば結構ですが、そうでなければ、まず「仲良くする」ことをめざして努力していただきたいと思います。

その手立てとしては、まず、老齢化した人は絶対に性格やクセは改まらないということを、若い方が早く、しかも徹底的に悟ることです。

そして、こうしそうなものだ、ああしそうなものだと思う「期待感」が裏切られるので腹が立つのだということを、深く自覚すべきです。つまり、「相手のこの部分は、絶対に直らないところだから、もう完全にあきらめて、直してほしいと期待するのはやめよう」と覚悟を決めることです。そうすれば自分の気持ちは楽になり、いい部分だけを見てゆくゆとりが出てくるのです。

こうして、今までのいきさつを水に流して、お姑さんに好意を持って接近してください。相手の人格のいい部分といい価値観を認め、学ぶべきところは相手に学ぼうという姿勢になるのです。その姿勢があれば、どんな人間関係でもうまく行くものです。言ってみれば、お嫁さんもお姑さんも、まだまだ大人の魂になる修行ができていないから起こる悲劇なのですから、まずあなたが魂を大きくなるように磨いて人間としての格を上げる。次に、そこから生じる善の波動をお姑さんに及ぼすわけです。

あなたにすれば「修行ができていないのは義母のほうで、私はそれに耐えている」とおっしゃりたいところでしょうが、いくら耐えていても「いやなお義母さんだわ」と心の中で思っている。その気持ちは態度にも出るし、言葉のはしばしにも出ます。だからまず、前述したように、人間を全体としてとらえないで、いい部分と悪い部分としてとらえ、悪い部分に対するあきらめを早くすることでその気持ちを改めてください。

さらに、できれば歳も違えば、受け取り方も考え方も私とは違う、お義母さんにはお義母さんの人生経験があるのだから、それを尊重しよう、という姿勢で接してほしいと思います。

また、お義母さんは考えが古い、とあなたは思うでしょう。それは事実です。であれば、その古さを逆手にとって、目上の人として立てる、言葉づかいに気をつけるなどしていればいいのです。自分は未熟なのだと考え、何かあれば「ありがとうございます」とお礼を言い、お義母さんのほうに明らかな非があったとしても、一歩へりくだって「大変勉強になりました」と相手を持ち上げるのです。謙虚な人間は誰からも好かれるというのが、人間界でも霊界でも共通する善なる法則なのです。

そのように、心を謙虚にすると、お姑さんだけでなく、守護霊もとてもいい気持ちになって、より守護してくださるようになります。

最後の決め手は、何かにつけ贈り物をするのがよろしい。誕生日でも母の日でも、おめでたい日には必ずプレゼントを上げてください。高価なものでなくてもいいのです。お義母さんに「あなたのことをいつも忘れていません」と、こちらの気持ちを伝えるだけでいいのです。そうしているうちに、必ずお姑さんの頑な心も和らぎ、向こうからあなたの気持ちに寄り添ってくるようになります。その日を信じて、ぜひ今日から謙虚な気持ちで接してみてください。

同様の悩みを男性側からお寄せになったのが、K・Jさんのような悩みですが、この解消法はたった一つです。逃げないこと。お母さんと奥さんの仲が悪いのは、その両者の中にあなたがしっかりと立っていないことが最大の要因です。あなたは二人の諍《いさか》いがイヤなだけでなく、自分はまきこまれたくない、と思ってはいませんか。相手を嫌っていても構わないから、二人とも心の中だけにしまっておけばいいのに、と思ってはいませんか。本当に安らぎのある家庭を築きたいなら、あなたが積極的に中に入り、三人で話し合ってください。

うわべの仲の良さは、言わば地獄の入り口で、間違いなく将来の不幸の芽を育てます。対立が陰険になればなるほど悪霊が集まり、落差の大きい失墜を準備しますから、不幸は芽のうちに摘み取るのが何より肝心なのです。一時の安逸のために、現実の小さな不幸から逃げるようなことは、絶対にしないでいただきたいと思います。

気持ちを清らかにし、人と仲良くするために、守護霊の助けを借りる方法もいろいろあります。それについては私の『恋の守護霊』（たちばな出版刊）をはじめとした著書に詳しく書いてありますので、お読みいただければ参考になると思います。

Q32

小さな会社を経営しているが、優秀な人材が得られない。

私はコンピュータのプログラムを作る小さな会社を経営しています。社員は私以外に三人ですが、どうも覇気もアイデアもなく、現在は同業者の下請け専門になっている有様です。このままではジリ貧なので、優秀な人材が入社したら、私と二人で会社を発展させたいものだと考えています。どんなふうに人材を見極めればよいのでしょうか。

（埼玉県　H・Sさん／41歳）

深見

あなたの会社は、どんなに優秀な人材を迎えても発展は望めないでしょう。なぜなら、会社の責任者たるあなた自身が人の能力に頼ろうとしているからです。それでは、現在の不遇も然り、社員の意気阻喪もまた然りです。

のっけから耳の痛いことを言いましたが、およそ会社を経営する人間に求められるものは、まず、どんな困難な状況も乗り越えて、売り上げを上げ、利益を生み出す商売の才覚を発揮することです。無論、冷静な決断や、事が成るまでの辛抱、そして、社員一人一人への心配りも大切な要素ではありますが、中小企業の場合は、90％以上が社長一人の商売の才覚に成功、不成功の要因が帰結されます。そして、中小企業には基本的に優秀な人材など来るはずがないのです。親戚か友人か大企業でなにかの難あってドロップアウトした人しか、まともな社員が来る訳がないのです。

現在の社員の方が、経験何年くらいか分かりませんが、3年や5年で一人前になる程優秀な人ならば、さっさと辞めて独立するのではないですか。しかし、10年20年かかって一人前になる鈍才は、間違いなく会社の大黒柱になります。松尾芭蕉の言葉に「無能無芸にして、この道に通ず」というのがあります。これは、色々と多才な枝葉の道を絶ち切って、本源となる禅道修業に打ち込んだ結果、俳禅一味の境涯に立って句が詠めるようになったという深意でしょうが、以下のようにも受け取れる。

すべてに役立たずの鈍才こそ、いま携わっている道（仕事）しかできることがないので、結局は長く続け、やがてはその道のエキスパートになる、という意味です。

だから現在、会社に「役立たず」が3人いるなら、20年後にはトップレベルの社員を3人も抱えることになるではありませんか。それが「人材」でなくて何でしょう。

したがって、経営者であるあなたが為さねばならぬことは、他に俊英を求めることではなく、磨けば玉になる石を、まず自分が率先垂範して燃える男となり、丁寧に磨いてやること。切磋琢磨《せっさたくま》の場をこしらえるのもいいし、一人一人個別に鍛えるのもいいでしょう。秀才技術者が1日でできる仕事を、鈍才が3人で、3倍働いて追いつけばいいではありませんか。足りない分は、社長であるあなたが頑張って全部補えばいいのです。

この90％まで自分がやるという情熱と努力と根性のない人は、中小企業を経営する資格はありません。無論、人もついてこないし、人材を呼ぶ運も来ないし、社運も盛り上がることはないでしょう。

結論として言えることは、人材など一切あてにせず、自分が土下座してでも商機や商売を取ってくるという、気迫に満ちた積極的な営業努力を先に立ててこそ社運が向上し、人の十人前を一人でやるぐらいのバイタリティを発揮すること以外に、今のジリ貧状態を抜け出すことは不可能であるということです。

Q33

子育てのことで悩んでいます。すぐにカッとなって子供に暴力をふるってしまいます。

四歳と二歳の男の子の母親です。子供が言うことをきかなかったりするとイライラして、つい手が出てしまいます。また、上の子供は、何をするにものんびりしているので歯がゆくなって、すぐに大きな声を出してしまいます。良くないことはわかっているのですが、どうしても抑えられません。

（宮城県仙台市　M・Tさん／23歳）

深見

これは、子育てをしている女性の共通の悩みではないでしょうか。いや、むしろ「良くないことはわかっている」という冷静さがある分だけ、あなたはまだ落ち着いていると言えるかも知れません。私は街や車中で、子供を連れて外出しているお母さんが、ところかまわず大きな声で子供を叱っているのをよく見かけます。しかし、たいがいの場合、母親の方を注意したい気分になります。

なぜ、これほどにヒステリックになるかと言えば、子育てに熱中するあまり、子供と自分の世界しか目に入らなくなって、社会性をなくしてしまっているからです。まるで、お客がいる前で店員を叱りつけている店主のようなもので、見ている方は決して気持ちのよいものではありません。

何が原因かと言えば、今の若い母親は、昔の母親に比べて高学歴であるため、その分だけ社会人として、また大人としての経験を積む時間が少なくなっていることがあげられると思います。年齢的には立派な母親であるはずなのに、中身は子供のままで、子供が子供を産むような状況が多くなっているというわけです。そのあたりを自覚してカーッとくる前に、大人として常に冷静な気持ちの余裕を持つように心がけることが大切です。

いずれにしても、子供はある年齢までは厳しく躾けるべきですが、いつまでもそれを続けていると、精神的に萎縮して消極的な子供になってしまいます。誤りを叱る一方で、時には大げさにほめてあげることも大切なのです。そして何より、「叩かれた子供は、人を叩くようになる」ということを肝に銘じておいてほしいものです。

さて、あなたを鑑定すると、魂の働きのバランスが若干くずれていることがわかります。人間の魂が動く時には、「奇魂（くしみたま）、荒魂（あらみたま）、和魂（にぎみたま）、幸魂（さきみたま）」の四つが作用します。このうち荒魂が順調に働いている時は、勇気と忍耐力が高まりますが、統制がとれなくなると、必ず暴力的な動きが出てきます。奇魂は、発想とひらめきを司っていますが、あまり働きすぎると神経が過敏になってきます。あなたの場合、この両方がうまくかみ合っていないため、すぐに子供を叩くといった行動をとってしまうのです。

ですから、そのような状況に陥った時には、大きく息を吐いて吸う深呼吸を数回繰り返すこと、さらに、次の祈りを三回唱えてみてください。

「奇魂、荒魂、静まりください。幸魂、和魂、奮い起きなさい」。このように祈れば、荒れた気持ちは静まり、性格も温厚になってきます。

上のお子さんについても、「一人目の子供はのんびり育ってしまうのが普通なんだ」と思ってください。お母さんが、もう少しのんびり構えていれば、ゆったりとスケールの大きな子に育つはずです。

Q34

新人の女子社員ばかりをチヤホヤする男性社員に、頭にきています。

新人のS子は仕事もろくにできないくせに、男性社員にやたら人気があります。それだけならまだしも、私がいつも仕事の尻ぬぐいをしてやっているのに知らん顔をしています。そんなS子を甘やかす男性社員にも、腹が立ちます。以前は私に群がっていた男性社員の、手のひらをかえしたような態度は許せません。

（神奈川県横浜市　Y・Tさん／28歳）

深見

まず、あなたは三つの考え違いをしています。

「仕事もろくにできない」のは、新人だから当然ですし、「尻ぬぐいをする」のは、先輩として当たり前のことです。そして、若くてかわいい女性に男性が群がるのも一般的です。冷たい言い方かも知れませんが、客観的に判断すればそういうことになります。しかし、あなたの悔しい気持ちもわからないではありません。

あなたを鑑定してみますと、「かなりわがままな面があり、常に自分が中心にならないと気がすまないところが見受けられるが、同時に、面倒見のよい姉御肌の部分も持ちあわせている」と出ています。また、「頭脳も明晰で容姿も優れている」人ですから、男性をひきつける魅力もあるはずです。ただ、「二六歳から仕事運が転換期に入り、人気運が下降線に入っている」のが気がかりです。

「運」というのは、まさに自分で自分を「運ぶ」ものですから、自信過剰になって努力しないでいると、逃げていってしまいます。また、「人をうらやむ気持ち」や嫉妬は、自分の運気のパワーをそぎ、「明るさ」という魅力も失うことになるので、注意しなければいけません。

そしてなにより、あなたは社会人としてプロの仕事と態度を求められる立場になったことに気がつくべきです。あなたをチヤホヤしなくなったのは、「職場の花」としてではなく、立派な戦力としてみなされていることですから、大いに喜ぶべきことなのです。もし、男性社員に向かって「あなたは職場の花」と言ったら、断じてほめ言葉とは受け取らないでしょう。

S子さんに対しては、短所には目をつぶり、よいところだけを見て励ましてあげるというスタンスで接してください。そうすれば、周囲があなたを見る目が変わり、また、あなた自身に輝きが戻って必ず運気も上昇に転じていくはずです。

Q35

ギャンブル好きの主人と別れたい。

ギャンブル好きの主人と別れたいのですが、双方の両親が許してくれません。結婚して1年8カ月、1歳すぎの子供がいます。夫は結婚当初から、ギャンブル（パチンコなど）遊びをするために毎日帰宅が遅く、休日も早朝から出かけて、夜遅く帰ってきます。夫はいつも自分一人で好き勝手なことをしていて、私や子供との時間を持とうとしてくれません。

そこで、何度も離婚を申し出ましたが、両家の両親が許してくれないのです。その上、義母は夫には何も言えないのに、私には「離婚しても子供は渡さない」とまで言うのです。今では愛情もなくなり、夫と義母に対する憎しみがつのり、殺意まで感じます。子供と二人で本来の自分に戻って新しい生活を始めようと考えているのですが……。

（岩手県　S・Mさん／22歳）

深見

毎日、そのような精神状態での生活は苦しく、大変なこととご推察いたします。しかし、あえて厳しいことを言わせていただけば、あなたが夫やお義母さんを憎むのは、見当違いです。

通常一組の男女が結婚する場合、交際期間中に相手がどんな性格なのか、どのような趣味を持っているのか、結婚生活についてどう考えているのかなどをよく話し合ったり、観察し合うものです。そして、お互いの信頼を確立した上で、共同生活が開始されるのです。あなたのご主人がギャンブル好きであれば、そのことは結婚前に承知しているはずですし、もし結婚後にギャンブルに走ったのでしたら、あなたにも何か思いあたる点があるのではないでしょうか。

あなたのご主人を鑑定したところ、「子供の頃からわがままに育てられて、甘えん坊で自己中心的な性格。賭事を好むが、小心な人なので大きく踏み外すことはない」ということがわかりました。一方あなたは、「頭は良くて生真面目だが、依頼心が強く、また、自分が中心にいないと気にいらないわがままな面を合わせ持つ人」と出ています。

つまり、二人とも甘えん坊で、自分本位の似たもの同士のカップルのように見受けられます。双方の両親が離婚に反対しているのは、たぶんそのような二人の性格を知っているからではないでしょうか。

しかし、あなたの文面からは、「今の生活のままではいけない」という切実な思いが伝わってきます。そこで、まず冷静になって、自分の本当の気持ちを見つめ直してみてください。そして、あなたの反省すべき点は反省をし、二人で話し合うべき点は、話し合ってみてください。また、状況を見て、双方の親を話の中に入れる必要があれば、それも解決の糸口になるかも知れません。

ただし、この場合に気をつけなければならないのは、お互いの欠点を言い合うのではなく、共に前向きに話し合う姿勢が大切です。話し合った後で、まだ気持ちの整理がつかないのなら、実家に戻って冷却期間を置くのも一つの解決策と考えてみてください。

そして、それでもやはり離婚したいという気持ちが強く、子供と二人で生きていく自信があるのでしたら、子供を連れて実家へ帰るか、あるいは自立することを考えてみてください。

もし、話し合ってもご主人が離婚を認めないと言うのでしたら、家庭裁判所に調停を申し立ててみることです。その際、あなたに経済力が無ければ、子供はご主人側に渡されてしまうケースがありますので、それに備えて自活の道を考えておくことです。

文面によると、あなたのご両親はご健在のようですから、子供の面倒をみてもらえるかどうかも相談してみてはいかがでしょうか。もし、世間体を気にするような土地柄でしたら、思い切って都会に出るくらいの気持ちも必要ではないかと思います。

このような相談に対して、私は幾度もアドバイスしてきましたが、多くの女性は「でも、子供が小さくて働けない」と不安気な表情になります。しかし、世の中には、小さな子供をかかえ立派に育てながら働いている女性はたくさんいるのです。離婚するということは、これらの問題をかかえながら、なおかつ前向きに明るく生きて行こうとすることなのです。

そして、なによりあなたのいだく感情の中で一番悪いのは、人を恨むということです。人を恨む気持ちは、大変なエネルギーがいるだけでなく、その怨念が自分に返ってきてしまうからなのです。とりわけ生霊の怨念は最も恐ろしいもので、人を恨む気持ちが霊魂となって相手をトコトン苦しめます。しかも、それだけでなく本人も魂が欠けた状態になり、その隙間に悪霊が取りついて病気になったりすることが少なくありません。「人を呪わば穴二つ」という言葉は、このことを意味しているのです。

あなたは、まだ若く、その上、もともと明るくて元気な方と見受けられます。よくよくよせず、自分の信じた道を歩んでください。きっと道が見つかるはずです。

Q36

いつもダイエットに失敗するのだが。

この春から女子大生として青春を謳歌していますが、ひとつだけ悩みがあります。それはスタイルの問題。素敵な彼を見つけるためにもダイエットをしなければ、と思うのですが、ついつい食べてふとってしまいます。自分でも意志が弱いと反省していますが、何か良い方法があればお教えください。

（兵庫県　H・Sさん／18歳・学生）

深見

ダイエットは、女性に共通の悩み。数多くある「やせる方法」を簡単に実行できるのであれば、世の中にふとった女性はいなくなるわけですからね。あなたは現在どんなダイエット法をやってらっしゃいますか。

Q　水泳教室に通っていて、カロリーコントロールにも気をつけているのですが……。

深見　おなかがすくと、ついつい食べてしまうのですね。ではあなたには〈やせるおまじない〉を教えますから、よく聞いて覚えてください。

『しりぞくしりぞくささのかみ、ふりさくふりさくちかわにく、あまつとびらにちかわひちる』

いいですか？　『しりぞくしりぞくささのかみ』の「ささの神」は「ささ身」のささと同じで筋肉のこと。つまり「あれを食べたい、これを食べたい」という筋肉の働き、それがしりぞいていく。

『ふりさくふりさくちかわにく』は、血と皮と肉がふりさいていって、余計なものがなくなることです。

『あまつとびらにちかわひちる』。これは筋肉とか細胞が広がろうとする力が燃え上がって散っていく様子です。
このおまじないを唱えながら、食べたい時は胃をさする、あるいはふとっている部分をさすります。そうすると「食べたい」という気が失せ、余計な脂肪がすーっと消えていきます。

Q おまじないを唱えながら、自分のやせたいところをこするだけでいいんですか?

深見 これを司っているのは土星の神様ですから、必ず「土星の神様!」と言葉に出して、手を合わせてから唱えること。そして余計だなと思うお肉のところを、おまじないをつぶやきながら、だいたい十回ぐらいなですれば、お肉がひいて、引き締まります。

Q　土星の神様というのは、宇宙の土星ですか？

深見　その通り。ですから、あの輪っかのある土星の姿を思い浮かべながらさすれば、もっと強く反応します。最初に両手を十回ぐらいこすり合わせて「土星の神様、土星の神様……」とお願いするのを忘れないように。

呪文を唱えるにあたっては、「絶対に効く」という強い信念と、神様に対する謙虚な姿勢が大切です。それが力の元となるからです。本当の効果とは、人間的な努力と併用する時に表われます。

ここに紹介したものは、目に見えざる力を授かる一つのヒントを示したものですから、正しい神仏の御心にかなう道は何なのかを考えたうえで、努力と工夫をしてみてください。神仏の御力に頼りすぎたり、怠りの心を持つことがなければ、きっと好結果が出ると思います。

Q37

優柔不断の性格を直したい。

何をするにも度胸がなく、決断することができません。優柔不断の性格がわれながら情けなく、なんとか変えたいと思うのですが。

（福島県　S・Kさん／25歳・男性）

【類似の質問】
私は優柔不断で、何事においても今一歩踏み出すことができません。決断力、行動力が出てくるおまじないはないでしょうか。

（小田原市　K・Nさん／32歳・女性）

深見

優柔不断で、ここぞという時に踏み出せないのは、失敗した時のことを思ってしまうからです。失敗したら困るな、恥ずかしいなと思うから、つい実行に移せない。一般的にはそうです。

だったら――これは多分に逆説的な言い方ですが――もう、はじめから失敗したときのことを想定して、そのときに対処するあり方を決めておくのです。それでちょっと失敗した時はこうする、最悪のケースではこうする、自分はその時に、こんな態度を取るんだ、と、腹の中で決めておくのです。こうして、最悪のケースの腹さえ決めておけば、思い切った決断ができるようになります。今までのように、「失敗したらどうしよう」ではなくて、「失敗したらこうするのだ」と具体的な積極的姿勢をもつことです。そうすると、事に臨んで常に落ち着いていて、自然な気持ちで決断と行動の一歩が踏み出せるはずです。

そこで、誰だって最悪のケースを望む人はいません。いざ始めの一歩を踏み出したなら、「よし、最善の結果を出すぞ！」と、自らに言ってきかせて、あらんかぎりの努力をするのです。それが最悪のケースになることはほとんど皆無と言っていいでしょう。成功することしか頭に思いえがいてはなりません。常に成功している人は、そういう壁の越えかたをしています。この自分への言ってきかせ方が何よりのおまじないでしょう。

Q　もう一つうかがいたいのですが、自分を積極的にするような守護霊様についてもらうには、どうしたらいいのでしょうか？

深見　残念ながら、消極的な人を積極的にするというような、いわば受け身の人間を甘やかす守護霊はどこにもいません。守護霊にお願いしたら、自然に決断して実行できるということはないのです。

まず自分が「やるぞ」という気持ちになって、最初の一歩を踏み出さねばなりません。それで、はじめて守護霊が動き、目指すものを獲得できるようにご守護を与えてくれる。

守護霊が居ることを信じて、まず、あなたがその一歩を踏み出したら、あなたの守護霊は必ず応援してくれます。そして一つうまく行き、二つ成功し……となり、どんどん運が向いてくる。それにつれてあなたもどんどん積極的になっていきます。何をしてもいい結果が出ると思うから、いいアイデアも次々に浮かんでくるし、決断も速くなります。

まず必要なのは、逆に言えばそう信じて行なう最初の一歩。勇気をもって踏み出してください。

Q38

ひどい〝赤面症〟で困っています。

幼い頃から人見知りが激しく、就職してからも、すぐ顔が赤くなる赤面症で困っています。人と話すのは嫌いではないのですが、いつ赤面するのかと心配で気になって仕方がありません。また、赤くなったらどうしようかと思うと、人と会うのもためらってしまいます。本当はみんなと楽しく話したり、食事をしたいのですが、食事の時も食べ始めるとなぜか顔が真っ赤になって汗をかいてしまいます。そんな自分がみじめで、その場から逃げだしたくなります。人から見たらつまらない悩みかも知れませんが、こんな状態が続くのかと思うと憂鬱で、結婚もできないのではないかと考えてしまいます。
赤面症を直すよい方法をぜひ教えてください。

（茨城県　N・Tさん／26歳）

深見

このような相談は、実はたくさんいただく質問のひとつなのです。つまり、あなたのような人は、世の中に大勢いるということです。程度の差こそあれ、ちょっと改まった場に出ると、緊張してしまって、「思っていることの半分も言えない」、とか「顔が赤くなってしまう」、ということは誰にでも経験があるのです。

しかし、大多数の人々はそれを、社会で経験を積んでいくことによって、だんだんと解消させているのです。とりわけ一五歳から二〇歳くらいの思春期には、皆同じような体験をしています。それは、異性を強く意識し始める頃で、肉体と同時に精神的にも大人になるためのひとつのステップなのです。

そして、年齢を重ねるにしたがって、多少の差はありますが、やがて「そんな時期もあったな」ということになっていくものなのです。ですから、まず、「私は赤面症という病気だ」などと思い込まないことが大切です。むしろ「人より感受性が豊かなんだ」、くらいに考えてください。

こんなエピソードがあります。私のところにみえるある有名なタレントさんも実は、

「とても気が小さくて、子供の頃はどうしようもない赤面症でした。それが嫌で、赤面症を直すために劇団に入ったのです」

と打ち明けられたことがあります。

現在は、誰もが信じられないほどいつも堂々としています。外見からではわからないのですが、あなたのような悩みを持った人は、世の中にたくさんいます。ですから自分だけがそうなんだ、と思い悩まないことが大事なのです。

あなたを鑑定してみたところ、「几帳面で、どちらかというと完璧主義者タイプ。一歩一歩着実に歩む人なので人から信頼される」一方、「自分に自信がなく、人の評価を気にしすぎるところがある」ことがわかりました。あなたは、人の視

線を意識しすぎていませんか。

人と話す時、「こんなこと言うと笑われるんじゃないか」、「嫌われるんじゃないか」と考え過ぎていませんか。「相手に良く思われたい」、「自分の弱点を見られたくない」、という意識が強すぎるのです。厳しい言い方をするなら、あなたが思い悩むほど、人はあなたのことを気にしていないものです。顔が赤くなっても、「カゼで熱でもあるのかしら」と思うぐらいでしょう。逆にあなた自身が、そこまで人のことを考えたり、観察したりするでしょうか？

では、具体的な解決方法でお教え致しましょう。


―赤面症の改善法―

まず、「必要以上に自分を飾らず、反対にまた、必要以上に自分を卑下しないこと」です。「私は私であり、それ以上でもそれ以下でもない」と素直に自分を認めることです。仮に真っ赤になってしまっても「それが私なんだ」と自然に受け止めるのです。

もうひとつ大切なことは、普段から大きな声ではっきり、ゆっくり話すことです。「おはよう」、「ありがとう」とこちらから先に、快活に挨拶してください。赤くなるなら、先に赤くなってしまいましょう。また、姿勢も大切です。歩く時も座る時も、肩の力を抜いて背筋をピンと伸ばしましょう。こうすると自然に腹式呼吸になり、大きい声が出ますし、精神状態も安定し、明るい表情になります。

そして、何よりも人と話す時は、「何か自分のことを話そう」、「気のきいたことを言わなければ」、と思わずに、相手の話を真剣に聞く心の姿勢を持ち続けていれば、いつのまにか気がついた時には自然に治っています。しばらくの間は、私がお教えした方法を実行しながら頑張ってみてください。

第4章

「霊」について

Q39

ノストラダムスの大予言は、そのまま信じられるか。

何年か前にもブームがありましたが、最近また、ノストラダムスの大予言が話題を集めています。たしかに「なるほど」と思える部分もあるのですが、疑問に感じるのは、いったい何百年も前に占ったことが現代にも通用するものなのだろうかということです。神霊学ではどのようにとらえているのか、お教えください。

（浦和市　Ｙ・Ｋさん／19歳・学生）

深見

実にいいところに気がつかれたと思います。

バイブルの黙示録も、もう何千年も前にできています。それ以前は、紀元前一四〇〇年～一五〇〇〇年の時代に、ギリシャのデルファイというところで、オラクル、すなわち神託を下す占いがありました。シーザーも、ネロ皇帝も受けたと言われています。以来さまざまな人によって、さまざまな予言が行なわれて来たわけですが、まずその仕組みを簡単に説明しておきましょう。

　神霊界は、時間と空間を超越した次元にあります。ですから、どんなに遠い過去の出来事でも、およそ歴史として刻まれたことはすべて霊界に残っています。同様に、未来もそこに存在しています。それを見た人が「やがてこうなる」と語る。そしてそれが現実になる。未来を予知できる、あるいは予知能力に優れているといわれますが、実際は霊界にコンタクトして、そこで見たことを表現できる能力に優れているということになります。

　ノストラダムスは十六世紀の人ですが、当時でも、未来のことをはっきりと告げてしまうといろいろ問題が起こるので、文学的な表現方法を用いています。「大予言」と呼ばれていますが、正式には「諸世紀」という名を持った詩なのです。オラクルの当時からそうですが、予言の場合ほとんどが、多様な解釈のできる詩的表現をとっているわけです。

　だから、霊界に存在する未来の光景が、現実界でいうといつのものなのか、またどこのことなのか――年月日や現実の地名などを具体的にあてはめることが、非常に難しくなるのです。右という人がいれば、一方には左だと主張する人もいたりと、解釈が分かれるということも起こってきます。

というのも、予言というものは、言葉にしたことによるズレが必ず生じるものなのです。言葉にしてしまった時点で、すでに完全ではなくなっているわけですね。時間的にも、空間的にもズレや誤差ができる。

はじめのご質問に答えると、単純に何百年経っているから、古いから信用できる・できない、という性質のものではなく、問題にするとしたら、表現のズレの部分とその度合なのです。十六世紀当時と現代とでは、同じ事象でも表現が変わってきた部分がありますし、同じ言葉でも、それを使う感覚が違っているものなど、あらためて検討すれば少なからず見つけられると思います。

そのような意味で、古い予言の細かい表現そのものに一喜一憂することは、ほとんど無意味と言えます。予言とはそもそも宗教的には「預言」であって、神の意思を人間に教え、伝えるものです。そしてその根底にあるものは、決して破壊ではなく、「救済」への導きなのです。

つまり、預言には時として恐ろしいことが暗示されるが、その真の意図は警告であり、そうなって欲しくない神のご意志や愛を感じ取る心が必要なのです。つまり、予言が出されること自体の意味とは、「救済」への道、方法をさし示したものにほかなりません。当たる当たらないをうんぬんしている間は、予言を受ける正しい心ができていないことになります。

そして、たとえば、信頼のおける預言で破滅的な未来が示されていれば、程度の差はあってもそれは現実に起こります。が、悲劇を大きくするか小さくするかは人間の努力次第なのです。預言から、悲劇を回避せよ、克服せよという最高神の慈愛の意思を読み取り、大きくは人類全体の至福を願い、小さくは一人一人の平安を願って、雄々しく生き、かつまた神々への敬虔《けいけん》な気持ちを忘れない日々を過ごしていただきたいと思います。

Q40

人間が再び生まれ変わるまでには、何年かかるのですか。

人は、死んでも再び来世で生まれ変わるそうですが、それには死後どのくらいの年数がかかるのでしょうか。また、みんな同じサイクルで生まれ変わってくるのですか。

（東京都渋谷区　Ｙ・Ｈくん／高校生）

深見

いわゆる「輪廻転生」にかかる時間は、平均して三百年前後。ただし長くかかる人もいれば、短い期間の人もいます。なかには三十年以内で生まれ変わる人もいますが、こういう場合は特に〝再生御魂〟と言っています。

人間は、死んだ後三十年ほど幽界にいます。そこで現世でついた感覚を忘れ、心の深部が姿に表われて霊界へ行くための準備をします。それは同時に、現世での人生を振り返り、反省をする時間でもあるわけで、自分が何のために生まれたのか、そしてその目的のために、自分の人生を完全燃焼させたかどうか……など、生きることとの意義を自覚し、新たな生をめざす準備期間と言ってもいいでしょう。

ところが、不摂生で早死にしたり、自殺したり、あるいは人生でなすべきことをまったくしないで死んだ人というのは、そのやり残したことをもう一度やり直すために、早く生まれ変わる必要があります。

だから神様に「私はこれこれのことをすべきでしたが、やり遂げることができませんでした。もう一度生まれ変わってきます」と申し上げて、二十年か三十年で転生してくる。

つまり、もともと八十歳の寿命を持っていた人が二十歳で死んだとすると、六十年分だけ生まれ変わらなければならない。四十歳で自殺してしまったら、あとの四十年の人生修行を、再度生まれ変わってやり遂げる必要があるのです。そういう場合は、概して早死となる場合が多い。

私たちの身近にも、若くして死んだ親戚の人にそっくりの子供が生まれて、見ると同じところにアザがあったというケースがたまにあります。それは死んだ人が修行のやり直しをするために、生まれ変わってきたわけです。

そういうことを考えると、私たちは魂を磨かんがために肉体を持って生まれてきているわけで、その天寿の間は、とにかく一生懸命自分を磨くしかないんですね。自殺という手段で修行の道から逃れたとしても、結局もう一度やり直しをしなければならない。

ですから、どんなに苦しく、辛いことがあっても、逃げ道はないと思ってほしい。覚悟を決めて、今、目前の出来事を思い切りぶつかって乗り越え、これを喜びとして生きてゆくことです。それが最上の生き方でしょう。こうして自分の天寿をまっとうしていただきたいと思います。

Q41

才能が前世でほぼ決まるのならば、今世で努力してもムダ？

先生のご著書で、個人の才能や能力は、前世から受け継がれるものと読みました。私は画家になりたいと思っているのですが、もしも前世でそういう才能を身につけていないとすれば、ある限界以上はいくら努力しても、大画家にはなれないのでしょうか。

（茨城県土浦市　B・Nさん／男性）

深見

たしかに才能や技能の素質の大部分は前世で備わったものですから、今世の生まれた時点で、ある程度のレベルに素地が養われて今になっているということになります。ただし、才能、技術、あるいはさまざまな能力は、「ここまで上達したらもうよろしい」という最高到達点というものがありません。どんなに技を磨いても、いや、磨けば磨くほど、上のレベルがあらわれてくる。

ですから前世でいかに芸術的才能を磨いてきてはいても、今世でもやはり通過点でしかない。今世でレベルを上げて、それがまた来世に引き継がれるだけ。逆に前世で、色彩感覚、造形感覚を身につけていなくとも悲観することはない。今世で努力して身につけ、来世に引き継げばいいのです。

画家としての成功は、技と感性を磨く努力とは別の結果であり、〈才能がある〉イコール〈成功する〉ということではないということをわかってください。

Q では、芸術の努力とは別に、社会的成功への努力を同時にすればいいのではないですか?

深見 その通り。しかし、これにも「ただし」が付きます。今世で名誉を得て、尊敬を集めるのにも、実は前世が大きく影響しているのです。その人が前の人生でどれだけのことをしてきたか——これを「徳分」と呼びますが、簡単に言うと〝どれだけ人を幸せにしたか〟の量です。

徳分は、蓄えられるもので、前世、あるいはその前の世、さらにその前の世……で、仁徳をほどこし、多くの人の幸福を願って生きてきた人は、今世に徳分をたくさん持って生まれてきます。無論、今世でも人生の前半から中盤にかけてそういう人生を送った人は、晩年が幸運と幸せに恵まれるものです。幸福の貯金をいっぱい持っていると考えればいいでしょう。

そういう人は、仕事でも学業でも、たいして能力がなくても、たいした努力もせずにスイスイと出世し、いつのまにか「成功者」と言われる立場にいる。今世までに徳分をたくさん蓄えたから、今世でそれが開花しているわけです。これが幸運の運の元《もと》になっているものです。

反対に、人格高潔で才能もあり、人一倍の努力をする人が、不遇をかこつこともめずらしくありません。徳分が少ないからです。だからもしかすると、今世では幸せな目にはあえないかもしれない。がしかし、その努力は必ず来世で報われる。だから決して、今世でダメならと、くさって、才能を磨き徳分を積む努力をやめてしまってはいけないのです。やめれば来世はさらに悪くなります。

それに、いくら生まれた時に徳分が少なくても、若い時から徳分を積むように心がけていれば、中年期、遅くとも晩年期には、その効果があらわれてきて、成功がもたらされます。いま現在「ツイてない」という人も、徳分を積むことによって、次第に運が開けるようになりますから、やはり日々、世の中の平和、人の幸福を願って、良い行ないを実践することが大事です。

あなたの場合も、芸術の技を錬磨する一方で、徳分を積み蓄えること。その二つが両立すれば、才能も伸びるし、世に認められる機会も次々にめぐってきます。前世の才能があろうとなかろうと、自分が切に芸術を究めたいなら、それが今世のあなたの御魂の叫び。迷わずにそれに向かってひたすら努力すればよろしい。積極的なチャレンジを期待しています。

Q42

カニの夢をよく見ます。何か特別な意味が。

最近、夢の中にカニがよく出てきます。ぼく自身は特にカニが好物というわけではないのに、カニ料理を出される夢や、冷蔵庫にカニがいっぱい入っている夢を見るのです。これには何か特別な意味があるのでしょうか。

（盛岡市　M・Oさん／学校職員）

深見

　カニの夢はいいことの予兆ですね。神霊界では、カニは「勝負に勝つ」ことのシンボルとなっているのです。だから、何か勝負ごとや紛争ごとにかかわっている時にカニの夢を見たり、現実にカニを見たりしたら、それは守護神様が「勝負に勝てるよ」と教えてくださっているわけです。

　たとえば野球の試合に行く途中、「勝ちたいな、勝ちたいな」と思いながら魚屋の前を通りかかる。そこで、おじさんから「このカニうまいよっ」などと声をかけられた。その声が心の中にビビーンと響いてくるわけです。それで、試合には実際に勝てる。神道ではこれを「クシロを取る」と言って、お祈りをしている時に、神様から返される答えなのです。あなたも意識して祈っているかどうかは別にして、現在何かの勝ち負け、ないしは競争にかかわっているはずです。そしてその結果は、「勝つ」方に向いているよと、守護霊様か守護神様が教えてくれているといいのです。

「カニ」イコール「勝つ」というと『サルカニ合戦』を思い浮かべるでしょうが、要するに『サルカニ合戦』という話は、神霊界の何らかの勝ち負けの物語を表わしており、超自然的な次元で「勝つ」という現象には、カニが深く関係しているわけです。ということは、反対に「勝ちたい」という時は、なるべくカニに縁があるようにするといいのです。

試合、受験、裁判、はたまた出世争い……どうしても勝ちたい、という時、神様にお願いすると同時に、カニのアクセサリーとかを身に付けておくといいでしょう。それで試合の前の日に家にカニが届いたとか、頼みもしないのにお母さんが「カニ弁当」を買ってきたらもうしめたものです。「勝負に勝つからがんばれ」という神様の応援にほかなりませんから、自信を持ってことに当たってほしいと思います。

Q43 霊感を高めるために菜食主義にしようと思うのですが。

……宗教家や芸術家に菜食主義の方が多いそうですが、神霊学的にも効果がありますか。

（山形市　R・Sさん／16歳・男性）

深見　霊感とはやや違いますが、菜食をする人の感性が敏感になることは、ある程度は正しいと言えます。神霊的に見ますと、たしかに初めのころはある程度影響があります。神仙道では、食べ物、寿薬などの効果を認めています。しかし、あるレベル以上の悟り、または霊覚というものになると、食べ物はまったく関係がありません。

主義としての菜食は、どちらかというと、優しさ、繊細さだとか、物事に対する鋭敏さを求めるものであって、霊的な能力そのものを養う要素にはならないのです。

大きな意味での霊界への働きかけ、あるいは現実界での生命力を考えると、菜食だけではやはり力というものが生まれない。勇気、気迫、根性、瞬発力といった雄々しい「元気」は、やはり肉、脂肪など動物性の栄養をとらなければ、わきにくいわけです。

もちろんそれだけでもダメで、要するにバランスのとれた食生活をしなければならない。優しさと雄々しさ、そのどちらが欠けても霊感は備わりません。特に若いうちは、自分の才能や可能性を開拓する時期ですから、菜食主義の温和主義よりも、ギラギラするぐらい勇ましく、自分の限界にブチ当たって行くぐらいの方が本当でしょう。霊感もその上にくるのが正しいものであり、日常生活に応用できて、常識の世界に適応できるのが最上位のものなのです。

おどろおどろしいものがわかる霊感とは、低級霊がついてやらせているのであり、霊にあやつられているわけです。そんな霊感を、菜食主義によって若い頃に身につけて何になるのでしょうか。百害あって一利なしだと言えるでしょう。菜食主義は、どちらかと言えばコレステロールのたまった老人にすすめます。若いうちは、何でもいただく、偏りのない食事を心がけてほしいと思います。

Q44

兄に不幸なことが続いて起こるのだが。

兄に不運なことが続いて苦しんでいます。今年四十六歳で飲食店を経営していますが、客足も落ち、体調もすぐれません。実は昨年、兄の浮気が発覚し、義姉が自殺未遂をするという事件があったのです。そんなことも影響するのでしょうか。現在、兄は相手の女性とも別れ、夫婦元通りに普通に暮らしているのですが……。

（習志野市　S・Dさん／40歳）

【類似の質問】

足に原因不明の腫れ物ができ、苦しんでおります。お恥ずかしい話ですが、いままで結婚詐欺まがいのことを何回もやっているので、その報いではと心配です。

（山梨県　S・Kさん／50歳）

深見

原因がよくわからない体の不調、失敗続き、あるいは急に災難が続くようになった……。これはまず家代々の怨念霊のしわざであると考えるべきなのですが、その他にも先祖の回忌供養の時期が来ているのに、何もしないことに対して、祖先が戒告を与えている場合があります。

しかし、このお便りのようなケースでは完全に生霊のしわざを疑ってみるべきです。生霊というのは、恨み、ねたみ、そねみといった邪念を発する魂からの念波動で、生きている人間の悪い念力、念作用による霊的な障りのことです。

ご質問を見る限り、別れた女性と奥さんの怨念がとりついていると見て、ほぼ間違いないでしょう。

浮気も結構、と言うと語弊がありますが、基本的に、成人男女が自分の分別で恋愛をすること自体、どんなにだめだと言っても、抑制できるものとも思えません。かりに遊びに近いかたちであっても、当人同士が割り切っていれば、それはそれで倫理的な問題は別として、それほど大きな問題とはなりません。

ただ、「可愛さ余って憎さ百倍」などと言われるように、昔から男女の仲ほど難しいものはなく、そこが既婚者や一人前の人間の条件として、知性や理性、また徳性といったものが求められる所以《ゆえん》です。それは交際の段階はもとより、その後、つまり別れる時にいっそう必要になります。

お兄さんが浮気相手の女性と別れたと言いますが、自分はさておき、相手は本当に納得して、わだかまりなく別れたのでしょうか。きっとそうではないはずです。残念という気持ちか、あるいはひどい仕打ちだと思っているか、おそらく怒り、恨みをまだ持っているのでしょう。この怨念のエネルギーは想像以上に強いもので、守護霊バリヤーを突破し、運気や体調をいちじるしく弱らせます。

これを鎮め、解消する方法で、一番良いのは、もう一度よく話し合って、不倫の清算を納得してもらうこと。もう一つは、相手の女性の幸福を祈念しつづけることです。怨念に相対《あい》し、解消するには、愛念しかないのですから。いずれにしても、ご本人が神仏を敬う敬虔な気持ちで、真心こめて行なうことが大事。私の著書も参考になさって、お互い心にしこりを残さぬよう、十分に誠意と手を尽くしていただきたいと思います。

Q45

人は生まれ変わっているのなら、魂の数は同じハズなのにどうして人口は急増していくのか。

人間はだれでも、死んだ後三百年ぐらいして生まれ変わるということを聞きますが、たとえば二千年前と現在とでは、まったく人口数が違います。昔の人が生まれ変わってくるのなら、人口は変わらないはずで、こんなに増えないと思うのです。それに一人一人に守護霊がついていると、魂の数も膨大になって、数が不足するのでは？

（大津市　A・Kさん／16歳・学生）

深見

学者のなかには、そのような論理で「だから生まれ変わりなんかないんだ」と言う人もいます。しかし、やはりだれもが抱く疑問でもあると思いますので、わかりやすくご説明しましょう。

まず次の三つのことを考えていただきたい。一つは、三百年というのは平均値であって、二百五十年で生まれ変わってくる人もいれば、五百年かかる人もいます。世界中にはいままでに膨大な死者がいて、なかには何千年も地獄界にいて、ようやく生まれ変わってくる人もいます。特に第２次世界大戦後は、地獄のフタが急にボッと開いたので、そうした人がたくさん生まれてきたということもあります。人類誕生以来の何百万年という歴史のなかには〝死者のストック〟がいっぱいあるわけですから、単純に二千年前と現在の人口を比較しても、意味のないことなのです。

二つめに、大きい霊というのはいくつもの〝分魂〟を出します。弘法大師でも、徳川家康でも、西郷隆盛でも、大いなる活躍をした人は、その霊の一部を持っている人が三人も四人もいたりする。そういう分魂の仕組みがありますから、霊魂の数は増えることがあるのです。

三つめには、現世で人間が人間を生むように、霊界でも霊が新しい霊を生んでいるのです。

ここが重要な点なのですが、学問や芸術、あるいは信仰心といったものは、現世で積み重ねることができます。修行や努力、学習によって悟りを開いたり、能力を身につけることによって、魂にそれらの要素のエッセンスが蓄積されるのです。それが、次に生まれ変わった時の学問的才能や芸術的才能、あるいは宗教的な才能となるわけです。ところが新しい御魂《みたま》にはそれらの要素の蓄積がないので、三回、四回と生まれ変わっていくうちに、普通の人間として成長していくのです。

また、大自然の調節機能というのがあって、それでも急速に人口が増え続けて魂の霊界ストックが過度に不足すると、戦争や災害や天変地変があって、人口が減るように調節されるのです。このように、輝く御魂となるためには、大自然の法則にもとづいた御魂磨きのステップを踏まなければならないのです。

たとえ地獄界におちた人でも、現世で長い間自分を磨いてきた人は、学問、信仰心、芸術のセンスがあるので改心すれば〝救われる〞可能性が大きい。しかし、地獄におちるのを恐れて、あるいは来世というものを信じないで、何も努力しなかった人は、何回生まれ変わってもたいした霊魂にはなりません。地獄でも救われません。

自分が地獄へ行くのか天国に行くのかは気になりますけれども、現世で日々おのれを磨いた要素というのは、全部蓄積されて来世へとつながります。ですから、今が不遇ではあっても、地獄へ行くことなどを恐れずに、自分を磨く努力を続けることが大切なことなのです。人間というのはそう簡単に地獄に落ちる訳ではありませんから、一日一日をムダにせず、一生懸命生きていただきたいと思います。

Q46 幸運を自分にもたらすには「徳を積む」ことが大事ということですが、具体的にはどのようなことをすればよいのでしょうか？

深見先生のご本を何冊か読ませていただき、とても感動しました。私も努力を重ねて立派な人間になりたいと思っています。そこで、先生は本の中でよく「徳を積みなさい」と書かれているのですが、具体的にはどのようなことをすればいいのかを、お教えいただきたいのです。

（佐賀市　S・Iさん／18歳・店員）

深見

昔、中国を明といった時代、袁了凡という人が書いた本に『陰騭《いんしつ》録《ろく》』というのがあります。陰騭というのは〝陰徳〟ということ。陰徳というのは人に目立たないところで積む徳のことです。

他人が見て「ああ、立派なことだ」と感心するような、表に出る徳を〝陽徳〟

と言いますが、人知れず行う陰徳のほうが陽徳よりずっと功徳が高いのです。

そこで〝徳〟とはどういうことか、何をもって〝徳〟とするのかというと、ひとことで言えば「世の中にプラスになること」――社会や他の人にとって有益になる行いが〝徳〟であると考えてさしつかえありません。

具体的には、困っている人に力をかすとか、汚れている所があれば進んで掃除したりと、人が「ありがたい」「うれしい」「幸せだ」と思うようなことをすればいい。要するに、徳を積むとは、人を幸せにする行いをつねに心がけ、かつ実践するということです。ところで、自分を豊かに立派にすることも、自分も人々と世の中の一員であることから、徳の一つとして数えられるのです。それを人徳といいます。

ただし、徳を積むということで気をつけてほしいのは、〝偽善〟におちいらないようにすること。「これをすれば一つ徳を積んだことになるから」などと考えてやっているようでは、偽善に陥るのです。本当の〝徳〟とは、「人が喜んでくれたらいいいな」ということを情感で思って実行する時に発する、魂の輝きや明るさのことを言います。霊界の守護霊様も、目に見えない人の心を読んでいますから、情感が伴った上で実践することだけを「正しい徳を積んだ」と判断するのです。

そういう意味で、情感から生まれ出た真の徳を一つ一つ積んでいけば、守護霊や神々の応援があり、一石二鳥や一石三鳥で人が幸せになり、自分も幸せになるという方法が次々にわかってきます。この叡智《えいち》こそが、徳行によって自分の魂が進歩向上したという証しであり、神なるものが働かれたという証拠なのです。こうするうちに、若い人なら中年から晩年にかけての運がグンとよくなります。中年から始める場合でも晩年や〝来世〟の幸運につながります。善行功徳の積み重ねによって招き寄せた運というものは、百パーセント、未来の幸運をもたらします。だから、ぜひ陰徳を積むように、心がけてください。

Q47

自分のお葬式の夢を見てしまいました。そんな夢を見たのは初めてなので、とても気になります。

先日見た夢がとても変な夢なのです。はじめは仲の良い友人のお葬式に参列していて、それがいつのまにか自分のお葬式に変わっていました。私は参列してくれた人たちを高い所から見下ろしているのですが、声を出してもだれも気づいてくれません。

この夢はどんなことを意味しているのでしょうか。幽体離脱なのでしょうか。もしもそれが正夢だったらと思うと、恐くて外を歩くのも気になります。

（大分市　K・Dさん／24歳・OL）

深見

それは非常にいい夢を見ましたね。正夢になることはありませんから安心してください。

自分が死んだ夢とか、自分のお葬式の夢というのは、一身上に良いことが起きる前兆なのです。必ず逆夢になって、「うれしい」「楽しい」と思うことがめぐってくるはずです。それに〝高い所から見下ろしている〟というのも、夢としては上等の部類に入りますから、最高の夢です。

また、お友達のお葬式に続いてということは、その友達もなんらかのかたちで吉兆に関係しているわけです。その友達が何かいい話を持ってくるとか、あるいは一緒に何かを行なうとすばらしい成果が上がるとかで、〝いいこと〟を招くうえでのひとつの役割をになうでしょう。

一つ捕足しておきますと、魂が身体から抜け出て自分の姿を見る、いわゆる幽体脱離という現象がありますが、この場合も、たいていが自分の真上、高いところから見下ろしていることが多いのです。

しかし、この幽体脱離というのは、夜寝ているときに起きる現象ではなくて、逆に意識がハッキリしている時や、ちょっとまどろんだ時などの、いわば、普通の状態のときに起こるものですから、その点でも、あなたの場合まったく心配することはありません。夢には、雑夢、霊夢、神夢とありますが、いずれにしても夢の中で意味するものは、霊界のあり様のように象徴的に出て来るものです。だから、この世的な尺度で判断すると、間違ってしまう場合も多いのです。

いずれにしても、その夢を見たからといって、具体的に前向きに対処できないことがほとんどなのですから、あまり夢占いを信じたり、恐れたりする必要はないと思います。マイナスばかりで、プラスがないと思うからです。

だから、どんな夢を見ても、「きっとこの夢は吉夢に違いない」と信じて、忘れてしまうのが一番です。どうしても気になる人がいるのなら、

「夢違い観音、この夢を吉夢とならしめたまえ」

と、十一回となえて、あっさりと忘れてしまうことをおすすめします。本当に吉に変わりますから。

Q48 輪廻転生というが、来世についての希望は通るか。

今度生まれるときは、ヨーロッパあたりがいいなと思うのですが、自分の好きな国に生まれ変わるなどということはできますか？　人間は輪廻転生するそうですが、日本人が、ほかの国や民族に生まれ変わるのには、何か基準みたいなものがあるのでしょうか。

（横須賀市　A・Dさん／男性）

深見

たしかにあります。〝基準〟というより〝資格〟とでもいったほうがわかりやすいと思いますが、簡単に言うと、その一生涯における天命を果たすことにより、その時に修得せねばならなかった御魂の修養を終えると、次はこちらを勉強しなさいと神様が決めるわけです。

「今世で日本に生まれて学ぶべきことを学んだら、来世ではフランスでこれこれのことを修めなさい」

という具合です。

そのときにあなたの御魂が、霊界のレベルで1／3以上に到達していれば、来世ではこんなところに生まれ変わりたいという願望が、かなり高い確率で叶えられます。「今度はヨーロッパに生まれ変わって理知的な面を磨きたい」などというあなたの希望を神様が聞いてくださるわけです。つまり、選択の自由が与えられるのです。

しかし、1／3以下の場合だと会社で突然辞令が下って僻地に転勤が決まったり、不本意なところに左遷されたりするように、自己の選択の余地はないのです。

Q　私がいま日本に生まれているということは、レベルは高いのでしょうか、低いのでしょうか。

深見　いま生まれている国が、ランクが高いか低いかということは、いちがいには言えません。それは国、あるいは民族によって修業の目的が異なっているからです。また同じ国でも、身分の高い両親の元に生まれたり、才能のある家柄に生まれたり、あるいは逆に、全く悪因縁や不幸の塊のような家に生まれたりします。

しかし、日本に生まれたことの意味を考えると、四季折々の自然があって、そこに育まれる細やかな情感——緻密さ、繊細さ、創意工夫といった面を伸ばしたり、東洋芸術と東洋思想の宝庫である玄玄微妙の伝統精神や理屈を超えて素直さや勤勉さを尊重する国民性、そして、なによりも内的な自己を高める禅文化の教養の精髄が学べます。

ところが逆に、日本では例えば公的にも私的にも、白黒をはっきりさせるという観念が弱くなる。賛成だか反対だかはっきりしないあいまいな態度、本音と建前の使い分け等々に見られるように、どうしても「理」というものの極めかたが足りない。世界的な大きな視野や、ヨーロッパ芸術の精緻さ、また、キリスト教的な博愛精神なども足りません。

そこで来世の修業のテーマが出てくるのです。今度はイギリスに生まれてもっと緻密に知性を磨きなさいとか、ドイツに生まれて合理的な精神を学びなさいと、神様がお命じになる。そうやって一歩一歩、霊界のレベル（霊層）や自在なる魂の多面性を養うことにより魂を向上させていくのです。

Q　自分が、ある国に生まれ変わりたいと思った場合は、どうすればいいのでしょうか。

深見　それはひとえに「発願」して〝自分を磨くことを約束する〟――これにつきます。

信念・理想を持ち、それに向かってひたすら努力する。御魂を磨き、霊層を上げる修業を積んでいくと、おのずと自分に足りないもの、欠けている部分が見えてきます。つまり、来世でより高い霊層に達するためには、どんな国の、どんな環境に生まれればベストかがわかってくるわけです。当然ながら、神様もその希望をかなえてくださる。

その結果はあなたがいま漠然と「こんな国がいいなあ」と考えている国と一致

するとは限りませんが、確固とした信念に発しており、かつ霊層が一定のレベルに達していれば、ほぼ行きたい国に生まれ変わらせていただけます。

ですから、あなたが今日本に生まれていることは、今世の修業のテーマにあった国として神様が選んでくださった訳です。だから、日本の歴史、風土、文化、芸術そして国民性等々……全部あなたの霊層をアップさせるために適し、幸せと満足と進歩向上を増幅させるための与件なのだと信じて、まず日本でしか学べないものを徹底して学ぶことです。たとえ、あなたが国際舞台で活躍するにしても、黒髪と黒い瞳と日本人であることに誇りと自信を持たなければ、国際人とは成り得ないのです。

だから、日本の優れたところ、美しいところ、善なるところを積極的に吸収することを心がけてください。

Q49

美容整形をすると運勢も変わってしまうのか。

美容整形の手術を受ける女性が多くなっていますが、美容整形で美人になるのはいいけれど、運勢も変わってしまうとすると、ちょっとコワいようでふんぎりがつきません。二重まぶたにしたり鼻を高くしたり、人為的に顔などを変貌させた場合、運勢が衰えたり、守護霊が代わるなど、神霊的な影響はないのでしょうか？

（北見市　M・Uさん／21歳・女性）

深見

顔のかたち――人相というものは運勢に深くかかわっていますから、美容整形でそれを変えてしまうと、福運が失われるというケースはたしかにあります。

鼻でもあごでも、せっかく豊かな福相を持っているのに、ただ〝きれいに〟という理由で細くしたりする場合がありますが、人相学的にはあまりよくない顔になったりすることがあります。そういう意味で、悪い相になると運勢も当然衰退するという関係があるのです。美容整形自体が悪いというわけではなく、もともとの良い相を悪い相に変えてしまうことが良くないということです。

それから、守護霊の交代ですが、これはまったく別の問題です。美容整形そのものが起因して守護霊が交代することはありません。

むしろ重要なのは整形による精神面の変化、躍動なのです。お化粧しても何してもあまり変わらない、極度の劣等感がぬぐいきれない……それで整形によって「自分はきれいになったんだ」「明日から人生が変わるんだ」と思って心機一転する――自分で人生をきり開くんだという意欲と自信を得ると、開運へと運気が好転していくのです。そんなふうに自己の内面が劇的に変化したときに、守護霊はすぱっと交代します。その積極的になった心、前向きの人生を成就させてあげようという力量のある守護霊に代わるのです。

整形そのものには神霊的なマイナス要素はあまりありません。醜女であることが死に値いする程の不幸であり、悩みであるならば、整形は救いであり、善でありましょう。それで本当に内面が輝き、明るい心が持てるのであれば、かえって吉だと思います。

しかし、それによって美を鼻にかけたり、男女交際のみに心が偏ったりすると、高慢で嫌味な人物となってしまいます。その結果、人に嫌われたり、昔からの友を失ったりして、かえって不幸な人生を送ることにもなりかねません。くれぐれも、本来あった性格のいい所や福相運が消えてしまわないように気を付けて下さい。

普通の顔の場合は、自分が思うほど人は顔のことは気にしていません。むしろ、雰囲気や言葉のやりとりの楽しさや、気配りのあるなしの方を重視しています。だから、もともと運のいい人生を送っている人で、普通の顔の人は整形しない方がいいと思います。

Q50

自分の運勢がどうかということに非常に興味があります。占いは本当に当たるのでしょうか。

私はいろいろな占いにこっています。星占い、四柱推命、手相、タロット……どれも当たりそうな気がしますが、まったく違った結果が出たときは迷ってしまいます。こんなときは、どのように判断すべきなのでしょうか。

（千葉県　T・Nさん／24歳・会社員）

深見　おっしゃる通り、雑誌などの星占いは、その雑誌によって違うことがあります。さらに、雑誌ではだいたい魚座とか、蠍《さそり》座《ざ》とか、ほとんど月盤だけのものですね。

Q　生まれた月ですね。

深見　これはある程度当たっていますが、本当に厳密なホロスコープでは年・月・日・時間、この四つの相関関係を見る算出方法がありまして、これで出した命式の占いと、四柱推命でぴしーっと出したものはほとんど狂いがありません。

Q　運勢は一つ、ということですか。

深見　そうです。ところが、手相の場合では、過去の判断はみんなぴたっと出ますが、未来ははっきりわかって三カ月か六カ月、一年ぐらい。五年、十年となると、うっすらとは出ますが、正確にはわからない。もっとも、手相の達人のような人になれば、五年、十年先の事でもかなりの確立で当てることができます。しかし未来のことは非常に変動的なのです。マイナスのこと（相）があっても、本人の努力でいくらでも変えられる、ということをわすれてはなりません。

またタロットというのは、基本的に今はこうであって、先々の何年何月にどういう状態になるだろうということは、現在のその人が持っている気で見ますから、また少し違うわけです。そのような違いをふまえて、それぞれに占いの結果を判断なされば迷いがない、と言えるでしょう。

Q　ホロスコープなどで間違いなく当たるとなると、今度はなんだか恐いような気もします。

深見　そう。未来の可能性を見たらそうです。たしかに努力、精進する気がなくなってしまうでしょう。

Q　希望がほしいですね。

深見　いいことに気がつきましたね。誰もが盛運に向かうとはかぎりませんから。一方には開運策の占いがあります。

例えば方位学。日本では気学ですね。これは八門遁甲法の中から九宮と干支学、易経を融合させて作った、メイドインジャパンの占いです。園田真次郎という人が大正時代に作ったものですが、この気学がいちばん開運策として確実です。次に家相学、墓相学。姓名判断や印相学なども開運につながります。これらは人の努力で及ばないところを補いますから、悪い兆しが出ていたら、それを改善したほうが希望が持てます。推命とかホロスコープで問題が多いと思ったら、それらを活用して改善していけばいいのではないでしょうか。

占いや開運法というのは、うまく使えば、素晴らしい人生にするための非常に有効な武器になると思います。

Q51

すぐカッとなって暴力をふるう性格を直せないか。

ぼくはすぐカッとなって暴力をふるってしまいます。こういう性格は直らないものでしょうか。友達と普通に話をしていても、少しムカッとくることがあると、すぐに頭に血がのぼり、いつもけんかをしてしまいます。気がつくと相手をなぐりとばしていた、ということが何度もあり、あとから人一倍後悔するしまつ。カーッとなった気をしずめるいい方法はないでしょうか。

（岐阜県岐阜市　Y・Oくん／高校生）

深見

これには霊的な原因があることも考えられますが、それはともかくとして、解決策をお話ししましょう。まず実行してほしいのは、カーッときた時に、深呼吸を何回かする、そしてこれを習慣づけること。

Q　深呼吸だけ、ですか？

深見　そう。とにかく、「カーッときたら深呼吸」、これをふだんから自分に言って聞かせてください。でも、息を大きく吸うとまたなぐりたくなるでしょうから、まず最初にハーッと息を大きく吐く。

吐いて吸って、吐いて吸って……これで気持ちがしずまってきます。ところが最初のうちは、感情がしずまっても、腹を立てた原因に対しては「ま、いいや」とはなかなか思えないものです。しばらくすると、また怒りがわいてきます。そういう時には、こういう呪文を唱えてください。

「奇魂（くしみたま）、荒魂（あらみたま）、しずまりましませー」

深呼吸をして、呪文。これで荒ぶった気がおとなしくなります。

人間の魂が動く時には、「奇魂、荒魂、幸魂（さきみたま）、和魂（にぎみたま）」という四つのかたちで働きます。このうちの荒魂が順調に働いている時は、勇気となりますが、統制がとれなくなると、蛮勇といって、暴力が必ず出てくる。奇魂のほうは発想とひらめき。その場の状況をパッと把握することができる。しかし奇魂があまり出過ぎると、神経が過敏になってイライラしたりします。

荒魂は陰に回ると忍耐力として働きます。だから陰の面で順調でないと、我慢というものができず、陽の面で順調でないと蛮勇を働く。あなたの場合、まさにこの両方がうまく働いていないことと、奇魂も出過ぎのようなので、すぐにカッとなり、また暴力もふるう。これを直すには、奇魂と荒魂をちょうどいい働き具合にすることが肝心なのです。

カッとなった時は、まず呼吸を整え、呪文を唱える。そして、その呪文を腹にネジこむようにして手で押えながら強く言って聞かせるのです。この二段活用を続ければ、きっと性格も温厚になるでしょう。

Q52

霊障にやられない三原則。

交通事故多発の場所で写真を撮ったら、奇妙なものが写りこんでいました。いわゆる心霊写真でしょうか。また、このような場所は通らないほうがいいのでしょうか。

これは友人と釣りに行ったとき撮った写真ですが、道端のお地蔵さんの前に、赤い光のようなものが写っています。じつは、ここはよく交通事故が起こる場所で、何か霊がいるのかもしれないと、冗談半分で撮ったものなのです。

（群馬県　M・Tさん／18歳・学生）

深見

みごとな霊の写真です。これはお地蔵様を崇敬していた霊が、死んでから後も、お地蔵様にお参りしているのです。ここには女性が三人、男性が一人います。そのうちの一人の女性が、お地蔵様を熱心に崇敬していたようです。その霊が――この方も事故で亡くなったのか――「苦しい」「助けて」と言っているのが、はっきりわかります。

交通事故にもいくつかのパターンがありますが、ほとんどの事故は霊障によって起こっています。考えてみても、事故を起こそうとして起こす人はいないでしょう。この写真の場合、お地蔵さんの前を通りかかると、先ほどの女性の霊的な障りがフッときて、それに影響されて事故を起こしてしまうわけです。

Q　そのような霊障がいろいろなところにあるとすれば、恐ろしくて車で走れませんが……。

深見　そのとおりです。しかし、霊にやられない三原則というのがあります。この三原則を実践していれば、霊障といっても特に影響を受けることはありません。

―霊障にやられない三原則―

一つは「**決して恐れない**」こと。恐怖に思っていると、そういう気のあるところへ霊がフーッとやってきます。恐怖はマイナスの波動で、霊はそれに感応します。だから霊を避けるためには、第一に恐れないことが肝要です。

二つめは「**気にしない**」こと。何かを気にするということは、その相手――すなわち霊との間に気の架け橋ができてしまうのです。電線を通じて電気が通ってしまうようなもので、気にすれば気にするほど、霊の存在が強くなる。悪霊と交流経路ができてしまったときに、その霊の力が強ければそれにやられてしまうわけです。

三つめが「**同情しない**」こと。「このかわいそうな霊を救ってあげたい」とか、「辛かっただろうな」などと霊のことを思うと、十中八九、その霊につかれてしまいます。これも、強くて太い気の架け橋を作ってしまうからです。

この三原則が共通して語っていることは、自らマイナスの波動を起こさないことです。マイナスの気があるところには、悪い霊がつけこんできますから、恐れない、気にしない、同情しない――この三つを守っていれば、悪霊といえども恐れることはありません。そんなものなんぞに、やられるわしではない、という強い意の覚悟をもつことです。これが、霊界においては剣《つるぎ》となり、霊を寄せつけない光明と霊威となるのです。

——救霊〈除霊〉のお問い合わせ、お申し込みは左記まで——

お問い合わせフリーダイヤル　0120（50）《ゴー（GO！）》7837《ナヤミナシ（悩みなし）》

ワールドメイト

・東京本部　03（3247）6781

・関西本部　0797（31）5662

・札幌　011（864）9522

・仙台　022（722）8671

・東京（新宿）　03（5321）6861

・名古屋　052（973）9078

・岐阜　058（212）3061

・大阪（心斎橋）　06（6241）8113

・大阪（森の宮）　06（6966）9818
・高松　087（831）4131
・福岡　092（474）0208

ホームページ　https://www.worldmate.or.jp/

どうしてもご都合で来られない方や、ご理解のないご家族、友人知人の救霊の場合には、その方のお写真で出来る写真救霊（その方の憑依霊を写真で見抜き、写真を使って救霊する方法――写真郵送で出来ます）もありますので、加えてお勧めいたします。

また救霊、その他の無料パンフレットをお送りしています。お気軽にお問い合わせください。

Q53

なぜ金縛りにあうのか。

毎晩、何度も〝金縛り〟にあいます。なぜ、金縛りにあうのでしょうか。これを避ける方法はないのでしょうか。私は寝ている時、必ず金縛りにあうのです。それも一度ではなく、いつも三回以上襲われます。そのため寝不足が続いて、昼間もボーッとした状態が続き、困り果てています。

（千葉市　T・Fさん／32歳・男性）

深見

まず、金縛りとは何かを説明しましょう。金縛りには、大きく分けて三種類があります。

ひとつは、その土地や家についている霊――浮遊霊がついていて、体を動けなくする場合です。これは寝ぼけているような状態の、意識朦朧《もうろう》としている時にやってきてとりつく場合が多い。魂の威光が弱くなっている時だからです。

次に生霊。他の人の強い念などが、意識の中に入りこみ、一時的に束縛されてしまうわけです。たとえばチャーミングできれいな女性なんかは、男性の恋焦がれる思いを一身に受けますと、夜の意識朦朧の時にそれが金縛りという現象になって現われたりします。

Q　では私の場合は、浮遊霊が原因なのでしょうか。

深見　あなたはご長男とうかがいましたから、おそらく三つ目のケースでしょう。三つ目に考えられる原因はご先祖様なのです。ご先祖様の霊が、子孫に知ってほしい、伝えたいということがあると、金縛りで知らせに来ることがあります。

一晩に三回以上ということからも、たぶん七回忌だとか十三回忌がきているのに、法事を行っていないということがあるのではないでしょうか。その上、あなたがきまじめな性格で、敏感な体質であれば、伝えやすいのでよけい〝狙われる〟のです。

子孫が先祖供養のポイントをおろそかにすると、なぜご先祖様が金縛りをするのか。詳しくは私の著書を読んでいただきたいのですが、簡単に言いますと、人が死んだ後三十年間は霊界に行く前に予備期間、猶予期間があるのです。その間に供養をきちんとしてもらうと、ランクの高い霊界に入り易くなるのです。

霊界から唯一許されているお盆と回忌供養をしてもらえないと、故人は非常に淋しいし、子孫にもてなしを受けない悔しさから、非常にやきもきして、実際の行動を起こすというわけです。

あなたのケースも、ご先祖様が供養をやってくれと言っているんでしょう。おそらく、おじいさん、おばあさんや親戚の方で必ず、七回忌、十三回忌にあたる方がいるはずですから、さっそく調べて、供養をしてあげてください。

そして、何月何日にやりますからと言えば、翌日からパッと金縛りが消えるはずです。

参考までに、浮遊霊や生霊のしわざによる金縛りの場合、それを解く方法をお教えしておきます。

「ノーマク、サーマンダ、バーザラダンカン」

この呪文を何回も唱えれば、金縛りが解けます。意識が朦朧となっている時でもパーッと払えます。ご先祖の供養をしても、まだ金縛りにあうようでしたら、これを試してみてください。

その他にも、特殊ケースとして蛇神が突然憑依《ひょうい》した時にも、金縛りにあいますが、この呪文で払えますから、是非試してください。

＊金縛りのことについては、私の著作『心の金しばりがとける本』（ＴＴＪ・たちばな出版刊）に詳しく書かれていますので、是非、お読みになることをお勧め致します。

Q54 どうやったら自分にふさわしい守護霊がついてくれるのか。

守護霊が才能を伸ばす手助けをしてくれると言いますが、どうやったら自分にふさわしい守護霊がついてくれるのでしょうか。

将来を考えるとき、自分の希望する進路に精通した強力な守護霊がついてくれればと思います。たくさんの守護霊のなかから、私をよく理解して、才能を開花させてくれるような守護霊がついてくれるには、どうしたらいいのでしょうか。

（千葉県　O・Mさん／19歳）

深見

自分にふさわしい守護霊とは、実は、もうあなたについています。さらに、守護霊がふさわしいかどうかを判断するのは、あなた自身ではなく、守護霊の奥にいる守護神様が決定します。守護神様がこの人にふさわしいと判断されたからこそ、その守護霊が現在あなたについて守護しているのです。いま現在、あなたが自覚しようが無視しようが守護霊はすでにあなたについていて、日夜あなたを見守っているのです。

Q　すると、一度ついてしまった守護霊は一生代わらず、そのままなのでしょうか。

深見　これは基本であって、「守護霊の交替」というのがなされるケースがあります。それは「発願」によって交替する場合です。

先天的な約束ごとで、その時期に環境や素質が変わり始めると同時に、守護霊が天意によって交替する場合と、後天的な本人の自発的発願によって交替する場合です。

例えば、自分は歌手になりたいとか、あるいはコンピュータの技術者になりたいなど、自分の進む道について強い願いを発したときです。ただ願いを発するだけではなく、努力し、行動し、実践した時に限り、神霊界ではそれを発願とみなします。しかも、その行動や実践が最低三年間続き、休むことなく発願が持続された状態ではじめて、守護霊の交替が完全になされます。

つまりその時、あなたのひたむきな姿勢を守護神様が見て、これは本当に進むべき道を新たに選ぼうとしているな、とご判断される。そして、あなたが発願した方向にふさわしい守護霊を、新たにお選びなおしてくれるのです。ただ、わけもなく都合のよいように守護霊の交替がなされるということは余程前世に徳を積んだ人以外はありません。すべては、本人がどのくらい前向きに自己啓発、あるいは自己変革を遂げようとしているのか、その努力と積み重ねの実績次第によるのです。

したがって、ひとたび発願したら、三年間は石にかじりついてでもがんばる必要があります。それを守護霊たちや守護神様が常に見守っているということを忘れず、日々の努力と精進に励んでください。

Q55

私を捨てた男性を毎日恨んでいたら、彼の身に不運なことが続くようになりました。私の恨みの念が影響しているのでしょうか。

彼からは何度も何度も交際を申し込まれ、最初はいやだったのですが、あまりにも熱心に求愛されているうちに、私も彼のことが好きになりました。自然と体の関係に進んだのですが、しばらくすると彼は、「ほかに好きな人ができた」と言って、一方的に去っていってしまったのです。

私は、裏切られた哀しさ、だまされたくやしさで、食事もとれないほど落ちこみ、頭に浮かぶのは、「あんなひどい男は、うんと不幸な目にあえばいい」というようなことばかりで、毎日彼を恨んで過ごしました。

そんな時に、彼が勤めていた大企業をやめ転職、しかも過労で入院してしまったことを聞きました。もしかすると、私の恨む心が影響しているのではないかと、逆に心配になってきたのです。

（岡山県　N・Mさん／22歳・女性）

深見

それは十分ありえます。くやしい、残念という思いが膨らみ、それがあなたの霊体から飛んでいって、相手の男性の体にとりついたのでしょう。
これを生霊といって、ゆえなく殺された方が加害者を〝呪う〟というのも、この生霊と同じ原理ですし、男女の愛情のもつれから、ものすごい恨みの念、怨念が生まれ、生霊となって人を苦しめるケースもよくあります。
私はコミックスの原作もいろいろと書いており、そのなかの『守護霊が動けば運命は変わる』という作品にも書いたのですが、何代も前の呪いの生霊が、現世の人間を苦しめることもしばしばあるわけです。

Q やはり私の恨みが原因なのですね。実際に彼が入院したと聞いて、かわいそうに思っています。もう許してあげたいのですが……。

深見 その前に、まずあなた自身への影響もあるのですから、そちらからお話しします。
魂は水晶の球のような形をしていて、生霊を出すと、それが欠けてしまいます。

生霊は魂の一部分であり、魂のマイナス的エネルギーが相手の頭の上に飛んで行って、重くのしかかっているわけです。

魂の欠けたところには、般若《はんにゃ》の面のような自分の顔ができて、相手に飛んで行ったり、戻ってきてくっついていたりします。そうなると、些細なことで怒りっぽくなったり、自信喪失したり、ボーッとしていたりして、情緒不安定になります。気持ちがフラフラフラフラしているので、当然のことながら、運勢は衰退していき、生霊を出した人も結局は不幸になってしまう。〝人を呪わば穴二つ〟というのはこれを言います。

Q　そんな恐ろしいことになるとは思ってもみませんでした。この〝呪い〟を解く方法はないのでしょうか。

深見　自分の出す悪い生霊は、相手の幸せを祈ることによって消えていきます。
自分の魂の一角に生まれた般若の面――この恐ろしい形相が、相手の幸せを祈ると、次第に仏様、あるいは女神様のような顔に変わっていくのです。あなたの中にまた、人を愛する気持ちが甦ってきます。すると魂が解放され、幸せを呼びこみ人を受け入れることのできる状態になっていくわけです。

ですから、以前のあなたのように、心の優しい自分に戻り、相手の男性を許すという気持ちになれば、ほとんど解けたも同然です。

なかには本当に辛い思いをし、殺したいほど相手を憎んでいる女性もいるでしょう。それでも――少し酷だとは思いますが――自分の感情に反してでも、強引に相手の幸せを祈ってください。般若の顔が溶けて、仏様か女神様のような顔になるまで、その人の幸せを祈るしかないのです、それが、自分自身を救う方法でもあるのです。そうして、自分も幸せになれる。ひとたび生霊を生じさせた魂を救えるのは、その本人の発する愛念だけなのです。

繰り返しますが、人を恨んだり、呪ったりすれば、自分自身をも不幸にするということを、しかと胸に刻んでおいてください。

深見東州氏の活動についてのお問い合わせは、下記までお願いいたします。
また、無料パンフレット（郵送料も無料）が請求できます。ご利用ください。

お問い合わせ　フリーダイヤル
0120 - 507 - 837

◎ワールドメイト

東京本部	TEL 03-3247-6781
関西本部	TEL 0797-31-5662
札幌	TEL 011-864-9522
仙台	TEL 022-722-8671
東京（新宿）	TEL 03-5321-6861
名古屋	TEL 052-973-9078
岐阜	TEL 058-212-3061
大阪（心斎橋）	TEL 06-6241-8113
大阪（森の宮）	TEL 06-6966-9818
高松	TEL 087-831-4131
福岡	TEL 092-474-0208

◎ホームページ
https://www.worldmate.or.jp

深見東州
(ふかみ とうしゅう)
プロフィール

本名、半田晴久。別名 戸渡阿見《ととあみ》。1951年に、甲子園球場近くで生まれる。㈱菱法律・経済・政治研究所所長。宗教法人ワールドメイト責任役員代表。

著作は、188万部を突破した『強運』をはじめ、ビジネス書や画集、文芸書やネアカ・スピリチュアル本を含め、300冊を越える。CDは112本、DVDは45本、書画は3482点。テレビやラジオの、コメンテーターとしても知られる。

その他、スポーツ、芸術、福祉、宗教、文芸、経営、教育、サミット開催など、活動は多岐にわたる。それで、「現代のルネッサンスマン」と呼ばれる。しかし、これらの活動目的は、「人々を幸せにし、より良くし、社会をより良くする」ことである。それ以外になく、それを死ぬまで続けるだけである。

海外では、「相撲以外は何でもできる日本人」と、紹介される事がある。しかし、本人は「明るく、楽しく、面白い日本人」でいいと思っている。

(2022年7月現在)

新装版
3分で心が晴れる本

装画：憂
装丁：宮坂佳枝

令和２年７月27日　初版第１刷発行
令和５年２月10日　　　第３刷発行

定価はカバーに記載しています。

著　者　深見東州
発行人　杉田百帆
発行所　株式会社　TTJ・たちばな出版
〒167-0053 東京都杉並区西荻南2-20-9　たちばな出版ビル
TEL 03-5941-2341(代)　FAX 03-5941-2348
ホームページ　https://www.tachibana-inc.co.jp/
印　刷　株式会社　新藤慶昌堂
製　本　ナショナル製本協同組合

ISBN978-4-8133-2656-4

●28万部突破。守護霊を味方にすれば、爆発的に運がひらける！

大創運

深見東州

神霊界の法則を知れば、あなたも自分で運を創ることができる。
項目別テクニックで幸せをつかむ。

●45万部突破。瞬間に開運できる！ 運勢が変わる！

大除霊

深見東州

まったく新しい運命強化法！
マイナス霊をとりはらえば、あしたからラッキーの連続！

●60万部突破。あなたを強運にする！ 良縁を呼び込む！

恋の守護霊

深見東州

恋愛運、結婚運、家庭運が、爆発的に開ける！
「恋したい人」に贈る一冊。

●45万部突破。史上最強の運命術

絶対運

深見東州

他力と自力をどう融合させるか、究極の強運を獲得する方法を詳しく説いた、運命術の最高峰！

●46万部突破。必ず願いがかなう神社参りの極意

神社で奇跡の開運

深見東州

あらゆる願いごとは、この神社でかなう！ 神だのみの秘伝満載！ 神社和歌、開運守護絵馬付き。

●スーパー開運シリーズ 新装版

運命とは、変えられるものです！

深見東州

運命の本質とメカニズムを明らかにし、ゆきづまっているあなたを急速な開運に導く！